知っていますか?
SDGs
ユニセフとめざす2030年のゴール

制作協力　公益財団法人 日本ユニセフ協会

さ・え・ら書房

はじめに　　4

1章 SDGsとは？

ロヒンギャ難民危機　　6

「SDGs」の意味　　8
   サステイナブル（持続可能な）とは
   ディベロップメント（開発）とは
   ゴールズ（17の目標）とは

SDGsが決められるまで
   国際連合（国連）について　　10
   MDGsからSDGsへ　　11
   SDGsを決めるにあたって
           考えられたこと　　12
   SDGsにおける子どもの位置づけ　　14

ユニセフとSDGs
   ユニセフとは　　15
   ユニセフのSDGsへの取り組み　　16

日本とSDGsの関わり　　17

2章 17の目標とは？

目標1：貧困をなくそう　20
目標2：飢餓をゼロに　26
目標3：すべての人に健康と福祉を　30
目標4：質の高い教育をみんなに　34
目標5：ジェンダー平等を実現しよう　38
目標6：安全な水とトイレを世界中に　44
目標7：エネルギーをみんなに
　　　　そしてクリーンに　48
目標8：働きがいも経済成長も　52
目標9：産業と技術革新の
　　　　基盤をつくろう　56
目標10：人や国の不平等をなくそう　60
目標11：住み続けられるまちづくりを　64
目標12：つくる責任つかう責任　68
目標13：気候変動に具体的な対策を　72
目標14：海の豊かさを守ろう　76
目標15：陸の豊かさも守ろう　80
目標16：平和と公正をすべての人に　84
目標17：パートナーシップで
　　　　目標を達成しよう　88

 コラム
日本の子どもの貧困や"格差"について　25
「LGBT」、「SOGI」とは？　42
COP21の「パリ協定」　75

3章 あなたにとってのSDGsとは？　91

さくいん　95

はじめに

　この本は「SDGs」の本です。手にとったあなたは、SDGs（エス・ディー・ジーズ）ってなんだろう、と思いながら本を開いたのかもしれません。あるいは、最近、エス・ディー・ジーズという言葉を耳にしたことがあるのかもしれません。この4つのアルファベットがあらわす言葉はいったいなんなのでしょう？

　この言葉は、将来に向けて、地球上でくらすあらゆる人たちが、より幸せに生活していけるようにと、世界中の国が約束した目標のことです。SDGsというのは、
　　Sustainable（サステイナブル＝持続が可能な）のS、
　　Development（ディベロップメント＝開発）のD、
　　そしてGoals（ゴールズ＝目標）のGとsを集めたものです。

　こう聞くと、自分には関係のない、遠いところで決められたことだと思うかもしれません。けれど、SDGsで変えようとしているのは、あなたが将来いる世界です。解決しようとするのは、あなたに関係する問題なのです。そして、あなたの身近なところにも、未来を変えるヒントがたくさんあるのです。

　この本では、できるだけわかりやすく、しっかりとSDGsを説明しています。まず、ユニセフの活動をもとにして、SDGsのテーマごとに、世界中の子どもたちに起こっていることをとりあげて紹介しています。きっと今まで知らなかったこともあるでしょう。世界の状況を知り、多くの人たちが世界の子どもたちのために、あるいは子どもたちが主体となって、SDGsに取り組んでいることを知ったら、まわりのものごとの見え方が変わってくるかもしれません。そして、これからの地球のために、自分には何ができるのかを考えるきっかけにもなることでしょう。

丘の上に立つロヒンギャの少年たち
© UNICEF/UN0157352/NYBO/2018

1章 SDGsとは？

ロヒンギャ難民危機

2017年の夏、ミャンマーの少数民族「ロヒンギャ」の人々が隣国のバングラデシュへ脱出しました。その数は68万8千人以上にのぼり、過密するキャンプや仮設居住区で厳しい避難生活を送っています。

もともとロヒンギャ民族はミャンマーとバングラデシュの国境付近で生活していました。国民の大多数が仏教徒のミャンマーの中では少数派のイスラム教徒であることや、さらに、外見がちがうことなどから、これまでも、ロヒンギャの人々は迫害され、ミャンマー国民としてみとめられないなどの社会的差別を受けてきました。2017年8月、ロヒンギャの武装勢力が警察施設を襲撃したとして、その報復で、ミャンマー軍治安部隊などがロヒンギャ居住地区への攻撃を開始し、一般の住民に対して恐ろしい暴力がふるわれるようになりました。そして、身の危険を感じたロヒンギャの人々がバングラデシュへと逃げ、難民となったのです。

何日もかけて悪路を歩きつづけた後、粗末ないかだやボートなどで国境を渡ってきています。バングラデシュにたどり着いても厳しい状況は終わりません。せまい地域に多くの人がくらし、病気や飢えに苦しんでいます。水もトイレも不足し、子どもの8割以上が栄養不良の状態にあります。

支援物資をもらう列にならぶロヒンギャの子どもたち
© UNICEF/UN0147302/Brown

国境をボートで渡ってきたロヒンギャの避難民たち
© UNICEF/UN0119963/Brown

——今日の世界を見わたすと、痛ましく、厳しい現実にあふれています。
人間、地球、そして繁栄のため、世界中の自由と平和を実現するため、
いったい何をすればよいのだろうか。
みんなのその思いを形にすることになりました。
2015年9月、国際連合において「国連持続可能な開発サミット」が開催されました。
150を超える国のリーダーが参加し、全会一致で採択したのが、
「私たちの世界を変革する：持続可能な開発のための2030アジェンダ」です。
この文書に定められた、2030年に向けた、世界を変えるための17の目標。

それが、「SDGs（持続可能な開発目標）」です——

「SDGs」の意味

SDGsは「Sustainable Development Goals（サステイナブル・ディベロップメント・ゴールズ）」の頭文字を集めた言葉で、日本語では「持続可能な開発目標」と言われています。まず、一つひとつの言葉の意味から見てみましょう。

Sustainable
サステイナブル（持続可能な）とは

「持続可能」と言われても、「持続」＝続けること、「可能」＝できる、つまり「続けることができる」というだけでは、どうもよくわかりません。実は、この言葉には、英語のSustainableが本来持っている次のような意味がこめられています。

英語の意味は、「ある資源を利用するときに、環境に悪い影響を与えず、使いつくすことなく、継続的に利用できる」ということです。将来の世代にも、今と同じように利用できるように、というところが大切です。また、将来のためには、使いつくさないというだけではなく、新たに育てること、現在の悪い環境を改善することなども必要です。

SDGsの説明で「持続可能な」という言葉が使われている場合、"将来に向けて、いい状態で、続けることができるような"という意味がふくまれています。

ブータンの子どもたち
© UNICEF/UN0028665

Development
ディベロップメント（開発）とは

Developmentも元の英語にはいくつかの意味があります。日本語では「開発」という言葉が選ばれましたが、この言葉には研究開発とか都市開発というような「開発」の意味のほかに、元の英語が持つ、次のような意味もふくんでいます。

- 生物（人をふくむ）の発達や成長
- 発達した状態
- 発展(はってん)して生まれるもの
- 事業などの発展(はってん)
- ものごとの進展(しんてん)

つまり「開発」という言葉で、今ある状態からもっとよい形に変わること、変えていく取り組みのことをもあらわしているのです。

SDGsの説明で「開発」という言葉が使われている場合、このような、ものごとがよい形に広がっていくことをイメージするとよいでしょう。

Goals
ゴールズ（17の目標）とは

ゴールという言葉は、みんなが知っているゴールと同じ意味で使われています。サッカーのゴールや、徒競走のゴール、そして遠足などの目的の場所と同じ意味です。

めざすところや、目標と言いかえてもいいでしょう。SDGsでは17のゴールが定められているので、英語では複数形のGoals（ゴールズ）となっています。

なお、「私(わたし)たちの世界を変革(へんかく)する：持続可能な開発のための2030アジェンダ」の「アジェンダ（Agenda）」とは、会議の議題や日程の意味ですが、ここでは「行動計画」という意味でとらえるといいでしょう。

SDGsが決められるまで

次にSDGsがどのように誕生したのか見てみましょう。

国際連合（国連）について

SDGsは、2015年9月に国際連合において開催された「国連持続可能な開発サミット」で採択されたものです。

国際連合は、第二次世界大戦の終わった1945年に創設された国際組織です。本部はアメリカのニューヨークに置かれ、創設時の加盟国は51か国でした。日本は1956年に80番目の加盟国となり、2018年現在の加盟国数は193か国となっています。

国際連合の目的は、
- 国際の平和と安全を維持すること
- 諸国間の友好関係の発展を育成すること
- 経済・社会・文化・人道的問題を解決するうえでの国際協力を奨励すること

と定められています。

国連には、「総会」「安全保障理事会」「国際司法裁判所」などの主要機関のほか、数多くの委員会があります。

また、「世界銀行」「国際通貨基金」「国際労働機関（ILO）」「国連食糧農業機関（FAO）」「世界保健機関（WHO）」「国連教育科学文化機関（ユネスコ・UNESCO）」「国連児童基金（ユニセフ・UNICEF）」などの専門機関や基金を置き、世界中のさまざまな課題について、それぞれ分担し、協力しあいながら取り組んでいます。

世界子どもの日に遊ぶウクライナの少女
© UNICEF/UN048991/Getman

MDGsからSDGsへ

2000年9月、国際連合で、新しいミレニアム（千年紀）に向けた「国連ミレニアム・サミット」が開催されました。そこで採択されたのが、より安全で豊かな世界づくりへの協力を約束する「国連ミレニアム宣言」です。この宣言と1990年代に開催された国際会議などでの目標をまとめたものが「ミレニアム開発目標（Millennium Development Goals: MDGs）」です。
MDGsでは、2015年までに達成すべき課題として、貧困と飢餓、初等教育、ジェンダー、乳幼児・妊産婦の健康、病気などに関する8つの目標が設定されました。

2015年に向かって、MDGsの取り組みは多くの成果が見られましたが、国や地域、性別や年齢などによって、目標の達成度にばらつきがありました。また達成できない課題も残り、まだ成果の恩恵を受けられない人がたくさんいたのです。
MDGsで残された課題だけでなく、新たに浮かびあがった環境、気候変動、格差拡大などの問題にも注目が集まるようになり、2015年9月の国連サミットで、2016年から2030年までに、すべての国で取り組む「持続可能な開発のための2030アジェンダ」が採択されました。こうして、MDGsの後をつぐ「持続可能な開発目標（SDGs）」が誕生したのです。

配給の列にならぶイラクの少女
© UNICEF/UN044162/Khuzaie

SDGsを決めるにあたって考えられたこと

目標とターゲット

SDGsは「17の目標」と「169のターゲット」からなりたっています。17の目標（ゴール）それぞれにいくつかのターゲットが定められています。ターゲットとは「いつまでに、何を、だれが、どのようにして取り組むか」という具体的な達成項目（こうもく）をあらわしたものです。

5つのP

SDGsの17の目標は、「5つのP」の要素のいずれか一つ以上に関わっています。5つのPとは、
People（ピープル/人間）
Planet（プラネット/地球）
Prosperity（プロスペリティ/豊かさ）
Peace（ピース/平和）
Partnership（パートナーシップ）
です。

経済（けいざい）、社会、環境（かんきょう）の調和

SDGsの17の目標は、平和や暴力、格差の拡大（かくだい）、環境（かんきょう）問題など広い範囲（はんい）の問題に取り組むもので、それぞれ密接（みっせつ）に関係しあい、「経済」「社会」「環境（かんきょう）」の3つのバランスがとれるように設定されています。例えば、貧困（ひんこん）や不平等のような経済（けいざい）・社会に関する問題の解決にあたっては、環境（かんきょう）を守ることにも配慮（はいりょ）するようにしています。

だれひとり取り残さない
No one will be left behind

SDGsの根底にある、とても重要で力強い意志をあらわしたものです。すべての人のための目標の達成をめざし、もっとも弱い立場の人々に焦点（しょうてん）をあてます。だれかを取り残したり、だれかの犠牲（ぎせい）のもとに達成するゴールはありえないという考えです。

17の目標と169のターゲット

SDGsの17つの目標には全世界共通のアイコン（色とマーク）が決められています。

 貧困をなくそう ターゲット 7

 人や国の不平等をなくそう ターゲット 10

 飢餓をゼロに ターゲット 8

 住み続けられるまちづくりを ターゲット 10

 すべての人に健康と福祉を ターゲット 13

 つくる責任 つかう責任 ターゲット 11

 質の高い教育をみんなに ターゲット 10

 気候変動に具体的な対策を ターゲット 5

 ジェンダー平等を実現しよう ターゲット 9

 海の豊かさを守ろう ターゲット 10

 安全な水とトイレを世界中に ターゲット 8

 陸の豊かさも守ろう ターゲット 12

 エネルギーをみんなにそしてクリーンに ターゲット 5

平和と公正をすべての人に ターゲット 12

 働きがいも経済成長も ターゲット 12

パートナーシップで目標を達成しよう ターゲット 19

産業と技術革新の基盤をつくろう ターゲット 8

17の目標 ターゲット **169**

校庭で遊ぶパキスタンの少女たち
© UNICEF/UNI43999/Pirozzi

SDGsにおける子どもの位置づけ

「持続可能な開発のための2030アジェンダ」で、SDGsがめざす世界は、"子どもたちに投資し、すべての子どもが暴力や搾取から解放される世界"とされています。子どもは、守られるべき"脆弱な人々"にもふくまれていますが、それだけではなく、"重要な変化の担い手"と位置づけられていることが、とても大切です。

ユニセフの前事務局長のアンソニー・レイク氏は、『世界子供白書2016』のまえがきで、「不公平さが何百万人もの子どもたちを危険に晒し、世界の未来を脅かしている」と述べています。さらに、子どもたちは生まれる場所を選ぶわけにはいかないのに、「コミュニティや家族がどれだけ不利な立場にあり、差別を受けているかにより、子どもたちが生きるか死ぬか、また学ぶチャンスが与えられるかどうか、ほどほどのお金を稼げるようになるかどうかを決定づける。紛争、危機、気候関連の災害は、子どもたちから多くのものを奪い、彼らの可能性を減少させる。」と続けています。

不公平な立場にあり危険にさらされている子どもたちの問題には、今すぐに取り組まなくてはなりません。そして、そうした子どもたちに手を差しのべることで、子どもたちの可能性はうばわれることなく、将来へつながります。2030年には、今の子どもたちが成長して、社会全体の担い手となります。SDGsの「持続可能な」という意味を考えれば、子どもに関する課題に焦点をあてた取り組みを行うことは、重要な意味をもっています。

ユニセフとSDGs

ユニセフとは

ユニセフ（UNICEF:国際連合児童基金）は、国際連合の機関のひとつです。世界中の子どもたちが平和に、健康にくらせるように、「子ども最優先」をかかげて、資金を集め、支援の活動をしています。例えば、子どもの命や健康を守る仕事、栄養不良をなくす仕事、安全な水とトイレを使えるようにする仕事、子どもが学校に行けるようにする仕事、暴力などから守られるようにする仕事などです。

世界のどこに生まれても、子どもたちは、命が守られ、健康に育つ権利があります。「子どもの権利条約」は、世界中の子どもたちがもつ権利を定めていますが、さまざまな事情で、それらの権利が守られていない子どもたちがいます。

ユニセフの活動の基本になっている、子どもの権利条約では、子どもには下のような権利があることが定められています。

◆ 生きる権利
すべての子どもの命が守られること

◆ 育つ権利
もって生まれた能力を十分にのばして成長できるよう、医療や教育、生活への支援などを受け、友だちと遊んだりすること

◆ 守られる権利
暴力や搾取、有害な労働などから守られること

◆ 参加する権利
自由に意見をあらわしたり、団体を作ったりできること

外で遊ぶセルビアの少女たち
© UNICEF/UN0202873

この章のはじめに紹介した「ロヒンギャ難民危機」を例に見てみましょう。

この難民危機により子ども70万人以上をふくむ130万人もの人々が、命と安全を守るための緊急の人道支援を必要としています。ユニセフは、難民キャンプの子どもたちに対して、安全な水や食べもの、薬などが手に入るようにし、できるだけ日常生活をとりもどせるよう学校施設をととのえ、希望につながる教育を実施するなど、さまざまな面で「子どもの権利」が実現するよう支援活動を続けています。

ユニセフのSDGsへの取り組み

ユニセフは、SDGsの採択に向けた協議の中で、各国や関係団体に働きかけ、協力して、公平性のアプローチの重要性や、子どもたちの課題がSDGsにふくめられること、子どもたちが行動の主体と位置づけられることを訴えてきました。また、子どもたちとの協議も行い、子どもたちの声も届けました。その結果、子どもは保護の対象だけでなく"重要な変化の担い手"と位置付けられ、子どもに関連する多くの課題がSDGsに取り入れられることになったのです。さらに、子どもの状況が適切に把握されるためのデータ整備の重要性も訴え、SDGs採択後も引き続き、各国におけるSDGsの実施において、子どもの課題に焦点があてられるよう、呼びかけています。（日本ユニセフ協会ホームページ「ユニセフとSDGs」より）

ユニセフからの支援物資を受けとったイラクの親子
© UNICEF/UN048906/Anmar

日本とSDGsの関わり

国連で決められ、世界中で取り組むというSDGsですが、貧困や飢餓など、今、日本に住む自分とは遠いことだと感じる人が多いでしょう。けれど世界に目を向けると、今も、どこかで、あなたと同じくらいの年齢の子どもたちが、児童労働、食料不足、人身売買、暴力などの中でくらしているのです。

SDGsは、こうした厳しい状況にある国や地域だけでなく、地球上のすべての国に適用される目標です。日本はどのように関わっていくのでしょうか。

3つの立場として

まず、先進国の立場として、途上国などに対し支援を行うという役割があります。SDGsの目標のターゲットには、資金や技術、政策面などの先進国の協力について定めたものがあります。

2つ目は、先進国も国内の課題として取り組むことです。日本でも、貧困や格差、教育、子どもへの暴力など、SDGsの目標を達成していない現状がみられます。

そしてもうひとつ、日本という国の枠組みを超えて「地球市民」としてSDGsに取り組むということです。SDGsには、気候変動や環境のように国・地域をまたいだ問題もあります。また、食料や経済だけでなく、ほとんどの問題が、放置しておくと結果的に世界中に影響をおよぼすことになります。国、人種、文化、宗教などのちがいをのりこえた「地球市民」として地球全体のことを考えて行動するということです。

日本政府の取り組み

日本政府は2016年に「持続可能な開発目標（SDGs）推進本部」を設置し、次の8つの優先課題を決めました。

①あらゆる人々の活躍の推進
②健康・長寿の達成
③成長市場の創出、地域活性化、科学技術イノベーション
④持続可能で強じんな国土と質の高いインフラの整備
⑤省・再生可能エネルギー、気候変動対策、循環型社会
⑥生物多様性、森林、海洋などの環境の保全
⑦平和と安全・安心社会の実現
⑧SDGs実施推進の体制と手段

これら優先課題の実施に向けて、国の役所のそれぞれが関わる具体的な項目や指標を決めました。そして達成に向けての計画を立て、資金などの確保、民間の企業・団体などの積極的な取り組みを表彰する賞をつくり、さらに、学校・家庭・職場でSDGsに関する学習を促進しています。

© UNICEF/UNI134401/Brian Sokol

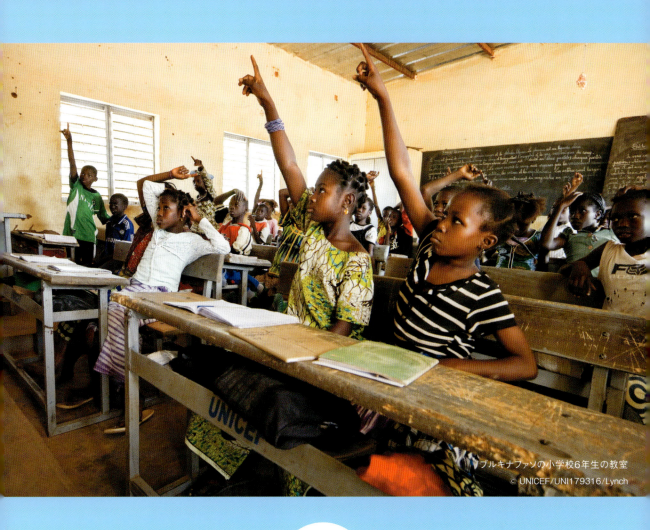

ブルキナファソの小学校6年生の教室
© UNICEF/UNI179316/Lynch

2章

17の目標とは？

2章の読みかた

●●●●	それぞれの目標の意味について説明しています。
	主なターゲットの内容をあげています。
●●●●	ターゲットの内容などを説明しています。
○○○○	ユニセフの取り組み事例などを紹介しています。

目標 1 貧困をなくそう

地球上のあらゆる形の貧困をなくそう

1 NO POVERTY

将来のことなんて考えられない　　ナイジェリア

ゴミため場で売れるものを探す国内避難民ムハマド・モズさん（15歳）。2、3日かけてようやく80〜110円を得ます。2年前過激派がおそった村から逃げ出し、学校に行っていません。学費が無料でもその他のお金が払えないからです。ムハマドさんは将来について考えることすらできないと言います。

貧困の実態

1990年に世界中で19億人いたといわれる極度の貧困状態でくらす人の数は、2015年には、8億3,600万人と半分以下に減少しました。けれどまだ、多くの人たちが一人1日あたりの生活費が1.90ドル※（1ドル＝110円で約210円）未満という状況でくらしています。これでは住まいや食事、教育などを十分にまかなうことはできません。

※以下、本文中のドルはアメリカドルをしめします。

貧困とは

SDGsで最初にかかげた目標1は、地球上のあらゆる形の「貧困」をなくそうというものです。「あらゆる形の」とすることで、「だれひとり取り残さない」というSDGsの基本理念が反映されています。

どのような状態のことを貧困というのでしょうか。これは、人によって思いうかべるイメージもちがいますし、国、地域によってもさまざまです。1日1.90ドル未満というような、どこの社会にいても、日々の生活にも困るような状況は、極度の貧困、または、「絶対的貧困」と呼ばれます。それに対して、その社会で「普通」とされる生活を送ることが難しいような状況を、「相対的貧困」と呼び、日本のような先進国の貧困には、この考え方をあてはめます。

「貧困」は、金銭（お金）の面で考えることが多いのですが、さまざまな意味で生活への影響があることから、お金の面だけでなく、健康、教育、生活の安全、住まいの環境といったこともふくめて、広い意味で「貧困」をとらえるという考え方もあります。

注）1日あたり1.90ドルというのは、金銭的な貧困を測る基準として一般に使われる世界銀行の「国際貧困ライン」と呼ばれるものです。定期的に見直されるため、SDGsが採択された時点では、1日あたり1.25ドルとされていました。

自宅の前でたたずむイエメンの子どもたち
© UNICEF/UN013965/Shamsan

貧困のサイクル

貧困というのはだれにとっても厳しく困難なものですが、特に子どもたちは大きな影響を受けます。貧困の中に生まれた子どもたちは、成長に十分な栄養をとることや、教育を受けることが難しくなることなどによって、将来の可能性をうばわれてしまうのです。生涯にわたって影響が続くだけでなく、次の世代へもまた貧困が引きつがれてしまうことにもなります。今、子どもの貧困をなくさない限り、何世代にもわたってこのような負のサイクルがくりかえされてしまう可能性があるのです。

目標1 の主なターゲット

- 2030年までに、世界のあらゆる場所で、非常に貧しい状況（極度の貧困）を終わらせる
- 2030年までに、各国内で、貧困状態にある人の割合を、少なくとも今の半分以下にする
- 各国で社会保障の制度をととのえ、2030年までに、特に貧しく弱い立場にある人たちを十分に守り、支える対策を行う
- 2030年までに、すべての男性と女性が、基本的サービスを利用でき、差別されることなく、土地や財産を持つことができ、世の中の技術や天然資源を利用できるようにする
- 2030年までに、貧しく弱い立場にある人たちが、気候変動や自然災害、その他の経済、社会、環境の突然の変化などによって被害や影響を受けた場合にもしっかり回復できる力を持てるようにする

作業場でレンガを作るパキスタンの少女
©UNICEF/UNI44028/Pirozzi

© UNICEF/UNI37736/Vitale

貧困をなくすには

貧困をなくすために最初に思いつくのは、資金援助、つまり必要なお金を分けあたえることでしょう。お金があれば、必要なものを、必要なときに得ることができるため、貧困状態を解消するための有効な手段であることはまちがいありません。

でも、ここで、SDGsの「持続可能であること」という意味を考えると、一時的なものではなく、将来にわたって続けていけるような体制や仕組みをつくることが必要です。

めざす解決策

貧困問題を解決するための体制や仕組みとして、ターゲットでは

- 社会保障の制度をととのえ、保健、教育などの基本的なサービスを受けられること
- 土地、財産を持ったり、いろいろな資源を利用できるようにすること

などをあげています。これらはとても基本的で、大切なことなのですが、実際には実現できていない場合もあります。
ですから、このような体制を築くためには、新しい技術などによる経済成長や、安定した仕事、人々の平等を実現することも必要になります。さらに、弱い立場にある人たちが、災害や社会変化などに十分に耐えられるような力をつける仕組みも必要です。

今後、国・地域によっては、緊急的な資金援助が必要となることもあるでしょう。SDGsにおいては、根本的な体制や仕組みを、将来にわたって持続できる強くて確かなものに変えていくことで、貧困を終わらせようとしていることに注目です。

日本ユニセフ協会のアドボカシー活動

日本ユニセフ協会は、先進国において募金・広報・アドボカシー活動を担う、世界の34の国と地域にある「ユニセフ協会」の一つです。

アドボカシー活動とは、社会問題を解決するための政策の実現に向けて、政府や自治体、社会全体に向かって呼びかけ、働きかけを行うことです。

日本ユニセフ協会は、日本政府に対して、日本に関連の深い以下の6つの課題が、政府の「SDGs実施指針」において適切に位置づけられるよう、要望書を提出しました。

1. 子どもの貧困の削減（目標1）
2. 子どもの栄養状態の改善（目標2）
3. 子どもの事故死および自殺の防止（目標3）
4. 質の高い乳幼児ケアおよび就学前保育・教育の提供（目標4）
5. 子どもに対する虐待、性的搾取をふくむあらゆる形態の暴力の根絶（目標5, 8, 16）
6. 無戸籍児童、所在不明児童問題への対応（目標16）

避難キャンプで遊ぶ南スーダンの子どもたち
© UNICEF/UN022036/AYENE

コラム　日本の子どもの貧困や"格差"について

　日本は裕福な国と言われています。世界からそう見られているだけでなく、実際のくらしぶりも悪くないと、日本人の多くが思っています。

　けれど実際には、日本の子どもの「相対的貧困率」は、先進41か国の中で、下から（貧困率が高い方から）15番目という調査結果もあります。「貧困率」は、その社会や国の中で、「貧困」とされる人の割合で、貧困の広がりをしめします。日本では、世帯の所得が中央値（ちょうど真ん中の順番にある値）の半分（これを「貧困線」といいます）に満たない人の割合として「相対的貧困率」を計算します。「子どもの（相対的）貧困率」とは、子ども全体の中で、貧困線未満の世帯でくらす子どもの割合です。

　「相対的貧困率」とは別に、「相対的所得ギャップ」という指標があります。これは、いちばん所得の低い世帯の子どもたちが、標準的な所得の世帯の子どもたちに比べて、どれくらい離れているか、つまり、どれくらい厳しい状況にあるかという、「貧困の深さ」をしめすものです。同じユニセフの報告書によれば、日本は先進41か国中で、そのギャップが大きい方から8番目となっており、貧困の度合い（深さ）も深刻な国の一つとなっています。しかも、そのギャップは、1985年から2012年のデータで計算すると、着々と広がっていることがわかりました。

　このように見ると、はたして、日本は、裕福な国なのでしょうか。貧困問題はないと思っていていいのでしょうか。「平均」や「割合」の指標に加えて、「深さ、度合い」という指標でものごとを見ることで、本当の状況が明らかになり、対応すべき課題が見えてくることがあります。

（ユニセフ『イノチェンティ レポートカード13 子どもたちのための公平性【解説】日本の子どもの格差の状況 首都大学東京 子ども・若者貧困研究センター長 阿部 彩』2016年）

目標 2 飢餓（きが）をゼロに

飢（う）えをなくし、だれもが栄養のある食料を十分に手にいれられるよう地球の環境（かんきょう）を守りながら農業を進めよう

2 ZERO HUNGER

2歳（さい）で体重が6kgしかない　　南スーダン

姪（めい）のマリア・ジョンちゃん（2歳（さい））をあやすチャーリー・アグスティノさん（9歳（さい））。重度の急性栄養不良に苦しんでいたマリアちゃんの体重は6kgしかありませんでした。入院してから7日後、マリアちゃんの症状（しょうじょう）は回復し、食べたり、歩いたり、笑ったりできるようになりました。

飢えとは

ここでいう「飢え」とは、長い期間にわたって食べものを得られず、食べられず、栄養不良となって、生きていくことが難しい状態のことです。

「栄養不良」というのは、健康に育つために必要な栄養が十分にとれていない状態です。今、世界中の人口の、9人に1人にあたるおよそ8億1,500万人の人たちが「飢え」の状態にあり、開発途上国の5歳未満の子ども3人に1人がなんらかの「栄養不良」に苦しんでいます。[1]

さらに具体的な数字をあげると、例えば2016年の一年間、世界中で、5歳未満で死亡した子どもが約560万人いるなかで、そのおよそ半数[2]が、栄養不良や、栄養不良がきっかけとなった病気で亡くなっているのです。また、慢性的な栄養不良からなる発育阻害の子どもたちは、およそ1億5,500万人にものぼります。[1]

※1 『世界の食料安全保障と栄養の現状 2017』
（ユニセフ/WHO/FAO/国連WFP/国際農業開発基金）

※2 『2017年度版 子供の死亡における地域（開発レベル）別の傾向』
（ユニセフ／WHO／世界銀行／国連）

飢えをなくすために

飢えをなくすためには、食料が必要です。限られた地球の資源のなかで、すべての人たちに十分な食料を、どのようにして育て、分け合い、ずっと食べていけるようにするかを考えなくてはなりません。

現在、農業や林業、漁業の基本となる自然環境はどんどん悪化しています。陸地の豊かさは失われ、森林は破壊され、海と川の汚染も進んでいます。また、気候変動によって、干ばつや洪水などの自然災害にみまわれることが多くなっています。農業にたずさわる多くの人々が、自分たちの土地で作物を育てても十分な収入が得られず、仕事を求めて都会に移らなくてはならないということも起こっています。

世界的な人口増加もあり、このままの状態が続くと、飢えに苦しむ人々の数は2050年に20億人に達すると予想されています。

飢えをなくすこと、そして、飢えで苦しむ人々を養うのに十分な食料を得るために、地球の環境を守りながら、世界規模で食料・農業の仕組みを変えることが求められています。

治療ミルクを飲むマリア・ジョンちゃん
© UNICEF/UN0152298/González Farran

目標2 の主なターゲット

- 2030年までに、飢餓をなくし、すべての人たちが1年中ずっと、安全で十分な食料を得られるようにする
- 2030年までに、あらゆる形の栄養不良を解消する。特に栄養を必要とする子どもたち、妊娠中・出産後の女性、老人に、栄養ある食料が十分に行きとどくようにする
- 2030年までに、小さい規模で農業をいとなむ人たちなどの農業生産性を上げて、収入を倍に増やす
- 2030年までに、将来にわたって持続可能な食料生産の仕組みをととのえる。環境に悪い影響を与えないように配慮して、強い回復力をそなえた農業を行えるようにする。同時に、生産性を上げ、生態系を守り、気候変動や干ばつ、洪水などの自然災害に対応できる力を高めながら、土地を改良していく
- それぞれの地域の稲や作物、家畜などの生物多様性を守り、世界でその情報を共有して、これらの資源から受ける恩恵を平等に分かち合えるようにする

目標2の重要性

食料と栄養は、生きてゆくために絶対に欠かせないものです。だから、食料と栄養の問題は、SDGsの他の目標と深く関わっています。例えば、貧困をなくすことの大きな目的の一つは、十分な食料・栄養を得られるようにすることです。また、生産と消費のバランスをよくするという目標は、大切に育てて得られる食料を、ずさんな収穫や食料の廃棄でむだにしない方法を実行することにつながります。

また、栄養不良は子どもが健康に育つことができないだけでなく、病気にかかりやすくなったり、病気が治りにくい原因になったりもします。成長してからも、幼いころの発育の遅れや健康の問題で十分に働くことができなくなることもあります。妊娠、出産する女性が十分な栄養をとることも、生まれてくる子どもの成長やその後の発育に重要なことです。飢えをなくすことは、平等と公正を実現することであり、健康、教育、経済成長などのさまざまな面でよい影響を与えることにつながります。目標2は持続可能な社会を実現させるために基本となるものです。

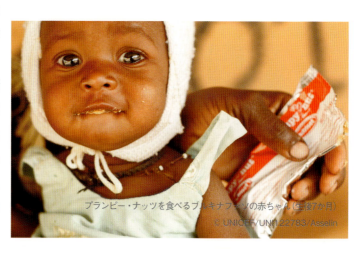

プランピー・ナッツを食べるブルキナファソの赤ちゃん(生後7か月)
© UNICEF/UN122783/Asselin

内戦のさなか、栄養と保健ケアを届ける "レスキューカー"（イエメン）

© UNICEF/UNI187326/Yasin

「レスキューカーが村に到着した日を忘れません」ファティマちゃんの両親は言います。

「レスキューカー」として知られるその車は、内戦の続くイエメンじゅうの危険な道を走り回り、国内ほぼすべての避難している人々のもとへ、栄養と保健ケアを届けています。

レスキューカーにはユニセフの支援物資が積まれ、移動保健チームのスタッフが乗りこみます。2015年、この移動保健チームが保健サービスのとだえた地域に散らばり、栄養不良や病気の検査と治療、子どもたちと女性への予防接種、妊娠中・授乳中の女性への支援などを行いました。

ファティマちゃんの村にレスキューカーが到着しました。女性のスタッフが、顔色が悪く元気のない、弱々しいファティマちゃんに手をのばします。末っ子のファティマちゃんは4歳で、腹部が膨張していました。ファティマちゃんが身体測定を受けた後、父親はスタッフにこう声をかけられました。「今はひどい栄養不良ですが、娘さんはこれで元気になりますよ」そして、高カロリーのピーナツペースト「プランピー・ナッツ」の袋を手わたされました。

「これで娘の命は救われました」と、後に父親はユニセフに語りました。

多くの命が危険にさらされる状況で、機動力の高い「レスキューカー」はますます重要になっています。

目標3 すべての人に健康と福祉を

だれもが、健康で幸せな生活を送れるようにしよう

3 GOOD HEALTH AND WELL-BEING

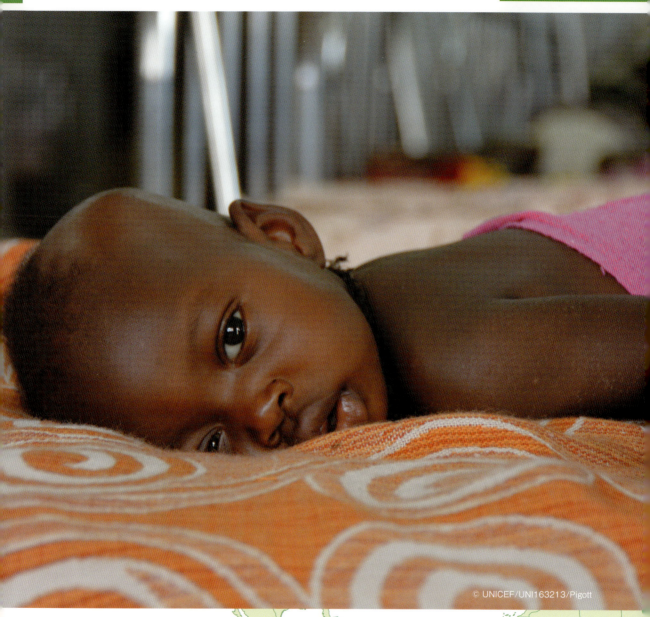

© UNICEF/UNI163213/Pigott

いちばん近い診療所まで歩いて数時間

シエラレオネ

子どもの命をうばう主な感染症のひとつ、マラリアにかかって高熱を出したマリーちゃん（生後11か月）。一刻も早い治療が必要ですが、村には医者がいません。いちばん近い診療所でも歩いて数時間かかります。

健康とは

「健康」というのは、病気をしていないこと、と考えてよいのでしょうか？　国によっても、人によっても、「健康な生活」を送っているかどうか、どういう状態が「健康」なのかという基準はさまざまです。

世界保健機関（WHO）は、「健康とは、病気でないとか、弱っていないということではなく、肉体的にも、精神的にも、そして社会的にも、すべてが満たされた状態にあること」と定義しています。あらゆる年齢の、すべての人たちが、健康で幸せな生活をすごせるようにするというこの目標は、どのようにしたら達成できるのでしょうか？

2つの課題：「健康の格差」と「新たな病」

これまで、医療の進歩によって、多くの病気の治療法や予防法ができました。そのおかげで平均寿命は延び、子どもや妊産婦の死につながる原因のいくつかは改善されてきています。また、予防接種や啓発活動によって、マラリア、結核、ポリオやHIV/エイズなどの流行を抑えることにも成果をあげてきました。今、健康に関して取り組まなければならない課題が、大きく分けて二つあります。

一つは健康に関する格差がまだ存在するということ。日本では、病気になったら、病院で医師に診察してもらうことや、薬を手に入れることもできますが、途上国では、医療機関も薬もない地域がたくさんあります。また、平均寿命では、先進国と途上国では30歳ほどの開きがあります。二つ目は新たに対応を求められる病についての取り組みです。今まで見すごされてきた伝染病のほかに、先進国でも問題になっている生活習慣病や、心の病、薬物、たばこなどへの対応も必要です。

健康診断を受けたジブチの子ども
© UNICEF/UN0199123/Noorani

目標3のめざすもの

目標3では、まず、妊産婦や5歳未満児の死亡率を減らすことについて、具体的な数字の目標を定めています。ワクチンなどの予防接種は、5歳未満で命を落としている子どもたちの数を、確実に減らすことができます。さらに、あらゆる病気の根絶と、健康と生命をおびやかす可能性のある問題に対応し、それに必要な制度をととのえることを定めています。

目標3 の主なターゲット

- 2030年までに、出産時に亡くなってしまう母親の割合を出生10万人につき70人未満にする
- 新生児の死亡率を出生1000人につき12人以下に、5歳未満の子どもたちの死亡率を出生1000人につき25人以下に減らすことをめざす。そして、2030年までに新生児と5歳未満の子どもたちが、予防可能な理由で亡くなることのないようにする
- 2030年までに、HIV/エイズ、結核、マラリアなどの流行をなくし、その他の伝染性の病気をなくすよう努力する
- 麻薬や危険薬物、アルコールによる危険を防ぎ、治療を強化する
- 2020年までに、交通事故による死傷者数を半分に減らす
- 2030年までに、世界各国で、家族計画、性教育といった、妊娠と出産に関わる問題を国として考え対応し、性と生殖(妊娠と出産)に関わる保健サービスを充実させる
- 2030年までに、危険な化学物質や空気、水質、土壌汚染などが原因で病気になったり命を落としたりする人の数を大幅に減らす
- すべての人が安く質の高い医療サービスを受けられる制度(「UHC」ユニバーサル・ヘルス・カバレッジ)をそれぞれの国でととのえ、安全で効果のある薬やワクチンなどが手に入るようにする

5歳未満の子どもが亡くなる原因

◆ 5歳未満児の死亡原因 (2016年)

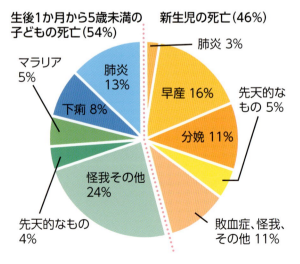

出典：WHO and Maternal and Child Epidemiology Estimation Group (MCEE) provisional estimates 2017

5歳未満児の死亡原因に関するデータを見てみましょう。
5歳の誕生日をむかえることなく亡くなる子どもは年間560万人。1日に約1万5千人の5歳未満児が命を落としていることになります。
5歳未満児の死亡原因をしめした円グラフを見ると、3大死亡原因は、肺炎、下痢、マラリアとなっています。どの病気も、予防や治療ができるものです。そして、この死亡原因の半数近くの背景には栄養不良があるといわれています。

保健員ヴォン・バナックさんの1日（カンボジア）

ヴォン・バナックさんは、ふだん、サンボ村の保健センターで、子どもたちに予防接種を行うなどの仕事をしています。けれど、この日の朝は、メコン川を下るボートに乗っていました。この日、バナックさんは、8キロはなれたコーサム村で簡易診療所を開き、無料の予防接種と妊婦の健康診断を行うのです。

メコン川を進むバナックさんと保健チーム

村に着くと、さっそく、20人ほどの女性と子どもたちが予防接種を受けにやってきました。予防接種の後、妊婦の健康診断を行い、それから予防接種の大切さと保健の知識などの勉強会を開きます。これらのことで約2時間。でも、バナックさんの仕事はまだ終わりません。簡易診療所に来られなかった子どもたちの家に出むいて、予防接種をしてまわるのです。

コーサム村から保健センターに出かけて予防接種や検診を受けるには、ボートの乗船料がかかります。

「村の住民たちにとってもっとも重要なのは、おなかを満たすことです。農業によって生計を立て、家族全員を養わなくてはなりません。だから、予防接種を受けるためだけに、お金を払ってボートに乗ることは、望まないのです」とバナックさんは語ります。「だからこそ、わたしたちが月に1度、この村に保健サービスを届ける必要があるのです。わたしたちは、すべての子どもたちに、質の高い保健ケアを提供したいのです。予防接種をきちんと受けることができれば、病気にかかっても重くならず、家族の負担も減るのですから」

予防接種を受ける生後7か月のテアちゃん

目標4 質の高い教育をみんなに

だれもが公平に、質の高い教育を受けられるように、また一生にわたって学習できる機会を広めよう

やっと学校に行けるようになった　バングラデシュ

街灯の光の下で宿題をするジュマ・アクタールさん（14歳）。学校から帰った後、母親がひろい集めた物を売るのに使う机で勉強しています。8歳で学校をやめ、3年間住み込みのお手伝いとして働いている間は、学校にも行けませんでした。

教育を受けることとは

わたしたちは、学校教育を受けて、読み書きができるようになり、また知識や技術を身につけています。教育を受けることで、わたしたちが本来持っている能力をより高め、それを発揮できる働きがいのある職業につくなど、生活をより豊かにすることができるといってもいいでしょう。質の高い教育は、本人にとって、より良い職業につく可能性を高めます。何世代にもわたって受けつがれてきた不公平性を断ち切ることができます。そして、貧困を減らし、健康状態を改善し、所得を増加させるなど、社会全体の発展につながります。

教育の機会に関する実態

今の状況を数字で見てみましょう。初等教育(小学校)を受けられる子どもたちの割合や、識字(簡単な読み書きができる)率は増えています。けれど、2016年のデータを見ると次のような状況がわかります。

- 小学校に行く年齢(6〜11歳)の子どもたちの9%、約6,300万人が学校に通っていない。このうち女の子は54%、約3,430万人[※1]
- 中学校に行く年齢(12〜14歳)の子どもたちの16%、約6,100万人が中学校の教育を受けたことがない[※1]
- 高校に行く年齢(15〜17歳)の子どもたちの約36%、1億3,900万人が高校の教育を受けたことがない[※1]

これだけでも、どれほど多くの子どもたちが教育の機会をうばわれているかがわかります。そして、学校に行くことができたとしても、基本的な読み書き能力や計算能力が習得できていない子どもも多い(小学校へ行く年齢の子どもたち6億5千万人の内、38%程度が習得できていない[※2])という実態も見られます。

※1 『Fact Sheet No.48』
(UNESCO Institute for Statistics)／2018年

※2 『EFA Monitoring Report 2013/14』
(UNESCO)

教育を受けられない理由

「学校が近くにない」「先生がいない」「教科書がない」「家の手伝いなどで通学できる余裕がない」など、学校に行かない、あるいは途中でやめてしまう理由はさまざまです。そして、「女の子だから」「障がいがあるから」、あるいは「少数民族の子どもだから」という理由で、学校に行くことを許されないことも、戦争や自然災害の影響で学校に通えなくなってしまうということもあるのです。

目標4では、格差、不平等をなくして、すべての子どもたちが質の高い教育を受けられるようにすること、大人になっても一生にわたって、あらゆる機会に質の高い教育を受けられるようにすることをめざします。

目標4 の主なターゲット

- 2030年までに、女の子も男の子もすべて、無料で、公平で質の高い初等・中等教育を修了できるようにする
- 2030年までに、女の子も男の子もすべて、幼児期の質の高いケアと、入学前に必要な教育が受けられるようにする
- 2030年までに、女性も男性も、すべての人が平等に、質の高い職業教育や大学教育など、高等教育を受けられるようにする
- 2030年までに、仕事や新しい事業を起こすのに必要な能力を身につけた若者や大人の数を大幅に増やす
- 2030年までに、女の子も男の子も、障がいのある子どもや少数民族出身の人、紛争に巻きこまれた人も、弱い立場にある人たちすべてが、あらゆるレベルの教育や職業訓練を平等に受けられるようにする
- 2030年までに、すべての若者や大多数の大人が、基本的な読み書きの能力、計算能力を身につけるようにする
- 2030年までに、「持続可能な開発のための教育(ESD)」を通して、人権、ジェンダーの平等、平和と非暴力、社会の一員としての自覚、文化の多様性などへの理解を広め、人々が、持続可能な開発を進めるために必要な知識と技術を持てるようにする
- 子ども、障がい、ジェンダーに配慮した学習環境を提供できるようにする

目標4のめざすもの

目標4のターゲットでは、「だれひとり取り残さない」というキャッチフレーズのとおり、地域・性別などによって教育を受ける機会に格差があってはならないとしています。また、目標の範囲は、小学校入学前のケアと教育から、高等教育や職業訓練までに広げられています。

さらに、職業教育・訓練など、大人になってからもずっと学べる機会や環境をととのえ、持続可能な開発を進めるのに必要な知識と技術を身につけるようにすると、明確にしめしています。

避難生活を終え、学校に戻ったイラクの少女
© UNICEF/UN038009/Khuzaie

保健の授業を受けるチュニジアの子どもたち
© UNICEF/UN0213086/Noorani

家の近くに学校が建った！（エリトリア）

ハリマさんは、11歳の女の子。ジェンゲルジバという小さな村に建てられた学校に入学したばかりです。この学校ができるまで、多くの子どもたち、特に女の子たちは学校に通ったことがありませんでした。一番近い小学校ですら、10キロ以上もはなれていて、危険な場所を通らなければならないこともあって、親は心配して女の子を学校に行かせなかったからです。

そんな女の子たちに教育の機会を届けたいと、2005年、ユニセフはエリトリア政府と協力し、さまざまな理由で、学校に行けない子どもたちを支援するプログラムを開始しました。

ユニセフの支援によって小さな初等教育センターが建設されました。それが、ハリマさんたちが学んでいる学校です。このプログラムは、70以上の地域で、5千人以上の女の子と男の子に教育の機会を提供しています。

ハリマさんとクラスメートたちは、基本的な読み書き、算数に加え、母語、英語、科学を楽しく学んでいます。

「学校の先生になりたい」「お医者さんになりたい」と、子どもたちは夢を口にするようになりました。

ハリマさん（2列目の右から2番目）とクラスメートたち
© UNICEF Eritrea/2008/Mareso

ハリマさんは言います。「学校で学んだことを家族にも教えてあげたい。そして、一生懸命勉強をして、将来はお医者さんになりたいの」

女の子が教育を受け、読み書きや計算ができるようになると、「考え」「判断」する手段を得て、自信を持つことにもつながります。また、自分の健康だけでなく、家族の健康を守ることもできるようになります。

村の長老は話します。「男女の別なく、すべての子どもたちが学校に通えるようになって、村は生まれ変わったみたいです」

目標 5 ジェンダー平等を実現しよう

5 GENDER EQUALITY

男女平等を実現し、すべての女性と女の子の能力を伸ばし可能性を広げよう

© UNICEF/UNI199292/Dubourthoumieu

もっと勉強をしたかったのです

コンゴ

キンシャサの中学校に通うフローレンスさん（14歳）。13歳の時に結婚させられそうになり、それを断ったため家族に捨てられた経験があります。フローレンスさんは話します。「もっと勉強をしたかったのです。家にもどらなかったのは正解でした。高校に進学して貿易の仕事をしたいです」

ジェンダーとは

目標5の「男女平等」は、英文では「ジェンダー(gender)の平等」と書かれています。ジェンダーとは耳なれない言葉かもしれません。
男性と女性は、身体の特徴や、妊娠・出産に関する役割などの点でちがいがあります。これは生物学的な性別です。これに対し、男性とはこうするもの、女性とはそういうものというように、社会や文化、心の中で男性・女性が区別してあつかわれる「社会的性別」のことをジェンダーといいます。

男性優位な考え方

「女の子は教育を受けなくていい」「女の子は早く結婚して、子どもを産めばいい」「女性は家で育児と家事仕事をしていればいい」などという考え方が、途上国だけではなく、先進国にも残っています。政治や経済に参加するのは主に男性であるという考え方です。そのため、世の中のしくみや法律、慣習は男性優位の考え方で成り立っていることが多く、結果として男女の格差が生まれています。
こういった現状を変え、社会における男女平等を実現し、すべての女性が自分の人生を決めていくために必要な力を身につけ、女性と女の子に関するあらゆる不公正を終わらせることが必要です。

学校に通い続けたかった（シエラレオネ）

ハジャー・コンテさん（仮名）は、学校を辞めることなど考えたことがありませんでした。「学校に通い続けるつもりでした」と、ハジャーさんが語ります。「でも、母が学費を払えないようになったとき、わたしのことを支援してくれると言う男の人に出会ったのです。そして、卒業後に結婚をする予定でした。しかし、卒業前に妊娠してしまったのです」
現在15歳のハジャーさんは、妊娠が分かったとき、結婚する以外の方法は考えられなかったと話します。「妊娠がわかり、退学しました。妊娠した女の子は、学校に通うことが許されていないからです。もう一度チャンスがあるなら、勉強を続けたい」

© UNICEF Sierra Leone/2015/Kassaye

女の子への教育

2016年のデータでは、小学校に行く年齢（6〜11歳）で学校に行っていない子どもたち約6,300万人のうち、54％にあたる3,430万人が女の子でした。女の子が学校に行けない理由として、社会や文化上の習慣、ルールや法律がととのっていないこと、家庭が貧しいことなどがあり、また、女性の安全が守られる学校設備や教育の体制がととのっていないこともあげられます。※

女の子が教育を受けることにより得られることは少なくありません。病気や社会に関する基本的な知識、将来の自立につながる知識や技術を得ることができます。また、幼い年齢での結婚を減らし、出産・妊娠時の死亡率が下がって子どもを健康に産み育てることができる確率が高くなるというデータもあります。

※『Fact Sheet No.48』
（UNESCO Institute for Statistics）/2018年

目標5 の主なターゲット

- 世界のあらゆる場所で、女性や女の子に対するすべての差別を終わらせる
- あらゆる場で、人身売買、性的虐待、搾取などの、女性や女の子に対するすべての暴力をなくす
- 児童婚、強制された結婚、女性器切除など、女性や女の子を身体的・精神的・性的に傷つけるような慣習や行為をなくす
- 主に女性が行っている家庭での育児、介護や家事労働を、価値あるものとしてみとめる
- 男性と同じように、女性が、政治や経済など公的な意思決定の場に参加し、リーダーシップをになうことができるようにする
- 女性の「性と生殖（妊娠と出産）に関する健康と権利」を守る

イエメンの子どもたち
© UNICEF/UN0188072/Fuad

ジェンダーの平等とは

ジェンダーの平等を考えるときには、女性にとって不利益となる差別だけでなく、その反面にある男性にとって優位な差別へも注意を向けなければなりません。つまり「女性だから」という考え方の裏には、「男性だから」という考え方があるということです。目標5では、女性にとって不利益となる差別を解消することをかかげていますが、男女不平等なルールや慣習、偏見をなくすという点では、男性のあり方についても考え方を見直す必要があります。男性優位の考え方を改めることはもちろん必要ですが、例えば、男性が「男らしくない」「男のくせに」と言われることによって、不自由で生きづらく感じることがあれば、それもまた、ジェンダーの平等に反することなのです。SDGsがめざすのは、男性・女性に関係なく、個人の権利、個人の意思による生き方が尊重される世界にすることなのです。

また、学校に通っています（マラウイ）

マラウイに住むアミナさん（19歳）と赤ちゃん。アミナさんは14歳の時に母親を亡くし学校をやめてしまいましたが、今、ユニセフが支援する「学校に行けなかった若い女性のための読み書きのクラス」に参加しています。「読み書きができるようになってとても幸せ。これで、自分の人生が変わった」アミナさんは語ります。マラウイでは女の子が学校をやめてしまう率は男の子よりも高く、その理由のほとんどが、貧困や早婚、妊娠などです。

学校のかべにならぶシエラレオネの少女たち
© UNICEF/UN065258/Phelps

コラム 「LGBT」、「SOGI」とは?

❶ LGBTとは

　LGBT（エル・ジー・ビー・ティー）とは、
L=レズビアン（女性を恋愛対象とする女性）
G=ゲイ（男性を恋愛対象とする男性）
B=バイセクシャル（男女のどちらも恋愛対象とする人）
T=トランスジェンダー（身体の性と自分の認識する性が一致しない人）
の頭文字をとった言葉で、性的少数派（セクシャルマイノリティー）をあらわす言葉として使われています。

　性的少数派だという理由で、学校や職場、社会で差別を受けたり、いじめやからかいの対象となったりすることがあります。また、日本の法律では、同性のカップルは結婚がみとめられていないため、税金や遺産相続などの点で、異性カップルと同等の権利が与えられていないなどの問題が生じています。

このように、性的少数派の人たちは不公平、不平等な状況に置かれています。これは、基本的人権がみとめられていないということです。一部の国や企業では、少しずつ法律や制度の見直しが行われていますが、社会的・文化的な偏見は根づよく、まだ多くの課題が残っています。

❷SOGIとは

　最近では、新たにSOGI（ソジ）という言葉が使われています。SOGIとは、SO=セクシャルオリエンテーション（性的指向：好きになる相手の性、恋愛対象）と、
GI=ジェンダーアイデンティティ（性自認：自分の性別に関する認識、心の性）の頭文字を合わせた言葉です。LGBTは、それぞれの特性を持つ「人」をあらわす用語ですが、SOGIは、多数派、少数派に関係なく、すべての人がそれぞれ持っている、性的指向や性別に関する認識を意味します。

　SOGIも、LGBTと同じく、性的なあり方に関する問題のことをしめすものですが、SOGIという言葉を使うことで、一部の人にだけ関係するものではなく、すべての人に関係する、平等や人権の問題としてとらえることができるようになりました。

❸LGBTとSOGIについて認識してほしいこと

　LGBTとSOGIについて、きちんと認識してほしい点が2つあります。
　ひとつ目は、性的なあり方については、「普通／普通ではない」という見方をするのではなく、あくまで「多いか／少ないか」ということだと理解してください。
　もうひとつは、だれもが生まれながらにして、その人自身の性的指向や性認識を持っているということです。
　だれのせいでもなく，生まれながらにして，性的に少数派というだけで，不公平な立場に置かれている人たちの問題なのです。

　LGBT、SOGIという言葉は、SDGsの目標にもターゲットにも、はっきりとは書かれていませんが、「だれひとり取り残さない」というSDGsの基本理念にあるとおり、人権の問題としても、すべての項目の根底に存在する、とされています。

目標6 安全な水とトイレを世界中に

6 CLEAN WATER AND SANITATION

だれもが安全な水とトイレを利用できるようにし、自分たちでずっと管理していけるようにしよう

© UNICEF/UN052531/Ayene

家まで4キロメートルの道のり

エチオピア

水くみの手伝いをするスレムさん（9歳）。水の入った重いポリタンクをかついで、4kmはなれた井戸から家までの道を歩きます。インド洋の気候変動がエチオピアの東部で干ばつを引きおこしているといわれています。

水の問題とは

今、世界が直面している大きな問題の一つは「水」に関することです。日本にいれば、安全な水が簡単に手に入ります。安全な水は、生きていくうえで大切なことは言うまでもありません。けれど、生活する地域や場所によって安全な水の入手が困難な人たちがいるということを知っていますか？

地球上には、だれもが安全な水を手に入れられるだけの淡水があります。けれど、毎年、数百万人の人たちが、清潔とは言えない不適切な水や、トイレや衛生環境が悪いせいで発生した病気で亡くなっています。そして、そのほとんどは子どもたちです。

安全な水とトイレがないということ

また、世界には、常に水が不足し、質の悪い水や、そまつな下水設備しかない状況で、食の安全をおびやかされ、不自由なくらしを強いられている人たちがたくさんいます。約21億人の人たちが、安全に管理されていない飲み水を使っています。また、約45億人の人たちが、安全に管理されたトイレを使うことができず、そのうち約9億人は道ばたや草むらなどの野外で排泄しています。※

安全な水が手に入らない、トイレがないということは、赤痢やコレラなどの感染症を引き起こし、命を落としてしまうことにもつながります。また、川や池から水をくんで家まで運ばなくてはならない子どもたちもいます。重い水を運ぶのは重労働です。そして、教育を受ける時間をうばいます。

※ 『衛生施設と飲料水の前進：2017年最新データと持続可能な開発目標（SDGs）基準』
（ユニセフ/WHO）

目標6のめざすもの

すべての人がきれいで安全な水を、いつでも入手でき、衛生的なトイレを利用できるようになれば、より多くの人たちが健康に過ごせる基本的な環境がととのえられます。そのためには浄水場や上下水道設備などの整備が必要です。そして、水は地球上で循環しているので、将来にわたって安心して利用できるよう、水という資源を自分たちの手で管理していくことも必要です。

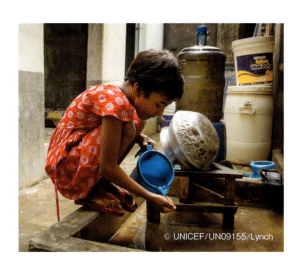
© UNICEF/UN09155/Lynch

目標6	の主なターゲット

- 2030年までに、だれでも安全で安価な水を、公平に、手に入れられるようにする
- 2030年までに、だれもが安全で衛生的なトイレを使えるようにし、野外での排泄をなくす
- 2030年までに、汚染や有害物質の排出を少なくし、排水処理の方法を充実させ、水のリサイクルやリユースを増やすなどの方法で水質を良くする
- 2030年までに、水を効率的に利用しながら、持続可能な方法で淡水が確実に行きわたるようにし、水不足になやむ人の数を大幅に減らす
- 2030年までに、国境を越えた協力などをふくむあらゆるレベルで、資源としての水の管理を行う
- 2020年までに、山や森、湿地、河川、湖、沼、地下水など、水と生き物に関する生態系を回復させ、保護を行う

水の循環サイクル

水の循環サイクルを通して、目標6のめざすところを見てみましょう。

❶水の供給（井戸、浄水場）
安全で清潔な水を供給する。

❷水の利用（家庭、トイレ）
安全で管理されたトイレが使え、野外排泄などにより生活環境や水源が不衛生になることをふせぐ。水を効率よく利用する。

❸水の処理（下水処理場）
有害物質の放出をおさえる。リサイクルを行う。

❹水のめぐり（自然環境）
森、川、海、湖沼など水に関わる自然生態系を保護する。

❶へもどる

この流れの一部分でもうまくいかないと、水利用の循環はとぎれて、すべてが成り立ちません。目標6のターゲットでは、水の循環するそれぞれの場面において、うまく機能するように具体的な取り組みを定めています。

「屋外排泄ゼロ」を宣言した村人たちの取り組み（ソマリア）

ソマリアでは、住まいからはなれた外で排泄するのが一般的です。そのため、病気のリスクにさらされています。

夫と7人の子どもたちとくらすサアドさん。野菜を育て、二頭の牛を飼い、安定した生活を送っていました。トイレのなかった日々は、排泄のたびに遠くまで行き、だれにも見られないよう長い間待ってから用を足すこともありました。特に雨季や妊娠中はつらいものでした。けれど、村の他の家族と同じように、トイレのある生活について考えたことさえありませんでした。

2015年に、NGOのスタッフが村をおとずれ、村人たちに説得をはじめました。屋外排泄が子どもや妊婦にとって病気を引きおこす原因になること、自分たちが飲み水をくんでいる川が排泄物で汚れていること、トイレは必要なものだと。その結果、村のすべての家族が同意し、2016年、

サアドさんと2人の子どもたち。

ユニセフとNGOの技術支援を受け、村人が自分たちのお金を出しあい、トイレを建設したのです。

新しくできたトイレは汲み取り式で、明るいオレンジ色の布の囲いがあります。サアドさんは言います。「トイレの建設には80ドルの費用がかかり、建設作業も大変でしたが、まったく苦にならなかったです。排泄のために夜中の暗闇を歩くのは、もういやでしたから。村の子どもたちは、以前はよく下痢になっていましたが、トイレができてからは、ほとんどなくなりました」

新しく建設されたトイレのわきに立つサアドさんと子どもたち。

目標7 エネルギーをみんなに そしてクリーンに

すべての人が、安くて安全で現代的なエネルギーをずっと利用できるようにしよう

家の中のかまどで料理します　　インド

家の中で夕食を作るフラシュリー・ニルマルさん。貧しい農村地帯などでは、調理や暖房のために室内で石炭や薪を燃やします。換気設備もありません。子どもたちは、室内の空気の汚れにより肺や呼吸器、脳にまでダメージを受ける可能性があります。

これまでのエネルギー

人類にとって、最初のエネルギーは体をあたためるための「火」でした。やがて、動物の力や、風車や水車など自然の力を利用することを学び、18世紀にイギリスで蒸気機関が発明されると産業革命が起きて、蒸気を動力とする工業生産が大きく発達しました。蒸気機関の燃料は石炭から石油へと変わり、次に電気の時代になりました。電線でつなげば、どこでも利用できる便利さから、家庭の電化製品の普及も進み、電気の利用はどんどん増え続けています。

そして、今、エネルギーは、産業や経済を支える動力源としてだけでなく、わたしたちの日常のくらしに欠かせないものとなっています。そのため、現在世界が直面している大きな課題や危機は、エネルギーがほぼ問題の中心になっています。雇用や安全、気候変動、食料生産、収入の増加、経済成長のどの目標でも、すべての人がエネルギーを手に入れられるようにしなくては達成できません。

すべての人へ、将来にわたって

エネルギーに関しては、二つの目標があります。

❶生活に必要なエネルギーをすべての人が手に入れられるようにすること

世界で電力のない生活を送っている人々は12億人以上います。5人に1人以上が電力を利用していないことになります。また、28億人以上が料理や暖房に薪や木炭、フンなどを利用しています。安全でよりよい生活を送るためにも、電気の普及をさらに進めることが必要です。途上国を中心にした経済発展や、世界の人口増加に加え、一人あたりのエネルギー消費量も増えていく傾向にあります。今後、ますます多くのエネルギーが必要となるのは明らかです。

❷将来にわたって、エネルギーを使えるようにすること

石炭、石油、天然ガスなどの化石燃料や、原子力発電に使われるウランなどは、使ってしまえば無くなってしまうエネルギーです。

これに対して、太陽光や風力、地熱などの自然の力を利用した、使っても無くならないエネルギーを「再生可能エネルギー」といいます。

これまで石炭や石油など化石燃料にたよってきた結果、燃やすことで発生する二酸化炭素によって地球の温暖化が進むなど、環境に悪い影響が出ています。目標7では、再生可能エネルギーの割合を大幅に増やすことをめざしています。

目標7 の主なターゲット

- 2030年までに、価格が安く、安定したエネルギーをだれもが利用できるようにする
- 2030年までに、世界のさまざまなエネルギーの中で、再生可能エネルギーの割合を大幅に増やす
- 2030年までに、世界全体で、今の2倍ぐらい効率よくエネルギーを使えるようにする
- 2030年までに、世界で協力して、再生可能エネルギー、エネルギーの効率化、よりクリーンな化石燃料などの研究と技術開発に取り組む

福島原発の事故

2011年3月11日の東日本大震災により、福島第一原子力発電所の事故が発生しました。この事故は二つの大きなことを教えてくれました。

一つは原子力発電の事故で引きおこされる放射能汚染の問題です。放射能汚染により、住む土地を失い、今もなお多くの人が避難生活を送っています。

もう一つは発電の種類が1種類に集中する危うさです。原子力発電は1か所で大量の電気をつくりだすことができますが、それはまた、それが使えなくなるとたちまち電力不足を引きおこすということになります。

また、福島の事故により、原子力発電は、一度事故を起こすと大きな被害をうみ、大変な費用がかかることがわかったため、世界中で再生可能エネルギーを見直すきっかけとなりました。

再生可能エネルギーの利用を増やす

エネルギーをより手に入れやすくし、広め、さらに環境にも配慮しなくてはいけないことから、安全でクリーンな再生可能エネルギーの割合を大幅に拡大することが必要です。

また、地球温暖化をくいとめるためにも、二酸化炭素を出さない再生可能エネルギーに期待がよせられています。

再生可能エネルギーにも課題がないわけではありません。これまで大量で安定した電気の供給を担ってきた化石燃料などに比べ、再生可能エネルギーの発電量が不安定なことです。そのため、世界中で協力し、より効率よく発電できる技術の開発に取り組んでいきます。そして、エネルギーを大事に使うこと、これも重要で効果のある解決方法です。省エネなどエネルギーを効率よく使用する技術の開発も行っていきます。

難民キャンプのソーラー（太陽光）充電所をのぞいてみよう！（ヨルダン）

ソーラー・キオスクのようす

8万人ものシリア難民がくらしている、ヨルダンのザータリ難民キャンプ。電気が簡単に手に入らない難民キャンプでは、ユニセフがいくつかの会社と支援している「ソーラー・キオスク」が大人気です。ソーラー・キオスクは、屋根に太陽の光を電気に変えることができるソーラーパネルがついていて、難民キャンプにくらす人たちが、携帯電話やタブレットを充電できるようになっています。また、Wi-Fiも使えるようになっていて、インターネットやメールを使ってシリアに残る友達と連絡をとったり、情報を集めたりすることもできます。

となりには、子どもたちが遊んだり、パソコンを使って勉強することができる学習センターもあります。学習センターに来るのが大好きなヤザンさん（10歳）は、「ここに来て絵をかいたり、コンピューターを使うのがすごく楽しいんだ！」と話していました。

コンピューターを使って学習するヤザンさん

目標 8 働きがいも経済成長も

みんなの生活を良くする安定した経済成長を進め、だれもが人間らしく生産的な仕事ができる社会を作ろう

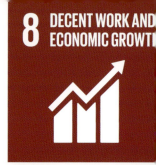
8 DECENT WORK AND ECONOMIC GROWTH

武装勢力から解放され、武器を置いたカミサさん(15歳・仮名)／南スーダン
© UNICEF/UN0202139/Rich

元子ども兵士サイモンさん(仮名、12歳)　南スーダン

「コブラ派という武装グループにいました。はじめは調理係や洗濯係でしたが、司令官のボディーガードを任されるようになりました。武装グループでは、ミスをすると牢屋に入れられ、何週間も暴力を受けます。解放されて、良い人間にもどれたと思います。将来はパイロットになりたいです」

※上の写真とは直接関係ありません

仕事とお金

今、世界では、およそ半分の人々が、1日ほぼ2ドル（日本円で200円程度）でくらしています。くらしていくためにはお金が必要です。そのために人々は仕事をして収入を得ます。けれど、これらの人々は、仕事をしても十分な収入を得られなかったり、仕事がなかったり、あるいは奴隷のような状況で働かされて賃金が払われていなかったりと、貧困状態のなか、厳しい生活を送っています。また、家族の収入を得るために、子どもが働かされる児童労働も多くの地域で見られます。

めざすべき経済成長とは

すべての人々が貧困から抜け出し、生活を良くするためには、経済成長が必要です。**生産活動が活発になる（経済が成長する）→仕事（雇用）ができる→収入が増える→消費も増える→生産活動がさらに活発になる**、という「良い循環」が生まれ、持続可能な形での経済成長につながります。
めざすべき経済成長は、一部の人々の犠牲の上に成り立つものではありません。そのような経済成長では、すべての人々の生活を良くするという、もともとの目的が失われてしまうからです。一人ひとりが働きがいをもって人間らしい仕事（「ディーセントワーク」といいます）をして、価値を生み出していく経済成長でなければならないのです。目標8では、兵士をふくめた児童労働、強制労働をなくし、だれもが働きがいのある仕事をできるような社会を作って、持続可能な経済成長を実現することをめざします。

武装勢力から解放された南スーダンの13歳と12歳の少年たち
©UNICEF/UN051298/Herwig

目標 8 の主なターゲット

- 各国の状況に応じて、経済の成長率を保つ
- 産業の多様化や技術の向上、技術革新などを通じて、高い経済生産性が実現できるようにする
- 2030年までに、天然資源を有効に活用できるようにし、経済の成長が環境悪化を引きおこさないようにする
- 2030年までに、男性、女性、若者、障がいのある人、移民労働者など、すべての人が、生産的で働きがいのある仕事を持てるようにする。また同じ労働には同じ賃金が支払われるようにする
- 2020年までに、雇われていない、学校に行っていない、または職業訓練を受けていない若者の割合を、大きく減らす
- 強制労働をなくし、現代の奴隷制や人身売買を終わらせるための効果的な対策をとる。また、2025年までに、子ども兵士のほか、あらゆる形の児童労働や強制された労働を禁止し、なくす

自然環境を犠牲にしない

目標8のターゲットでは、自然環境を犠牲にしない経済成長をめざすとしています。動植物や魚をむやみに獲ったり、将来の計画なしに、森林を伐採したりエネルギー資源を開発したりするなど、自然の体系をそこなうやり方での経済成長は、結果として成長の流れをとめてしまうからです。

児童労働をなくす

世界には、給料のあるなしに関わらず、さまざまな形態で働いている子どもたちが多くいます。その中でも、特に幼い子どもが無理やり働かされたり、子どもの心や体の発達に悪い影響を与える危険な労働をさせられたりする場合、それらは有害な「児童労働」と言われます。世界には、こうした児童労働を行っている5〜17歳の子どもが約1億5,200万人いるといわれています。※

目標8では、子ども兵士をふくめて、こうした有害な児童労働を2025年までになくすことを大きな柱としています。
児童労働は、子どもたちの権利と健全な発達を侵害するだけではなく、貧困が世代を超えて繰りかえされることになり、その国の経済発展や社会の安定にも悪い影響をおよぼします。また、子どもたちから教育の機会をうばう大きな要因の一つでもあるのです。

※ 『Global Estimates of Child Labour』(ILO)／2017年

砕石場から教室へ（マダガスカル）

マダガスカル北西部のベロバカ村の採石場ではたくさんの家族が働いています。その多くが、貧困や干ばつ、または武装強盗団から逃れ、仕事を求めて移住してきた人々です。砕石場で働いているのは、大人だけではありません。マミタスアさん（14歳）も、働く子どもたちの1人でした。
「10歳から働いています。仕事は、お母さんといっしょに小さな石を砕くこと。お父さんを手伝って大きな石を運んでけがをしたこともあります」とマミタスアさんは話しました。毎日朝から夕方まで働き、学校に行くことはできませんでした。
マミタスアさんの母親のヘニンツーアさん（38歳）は語りました。「20年間砕石場で働いてきました。以前は7人の子どもたちも砕石場で働いていたけれど、日々の食べものを買うことさえできません。息子がけがをしたこともあって、砕石場の仕事は、子どもにはとても危険だと感じていました」

ベロバカ村の砕石場で働く幼い子どもたち

ベロバカ村の砕石場で児童労働が行われていることを知ったユニセフは、地元との調整を行い、子どもたち112人を児童労働から解放し、それぞれの家庭に必要な支援を行いました。
112人すべての子どもたちが学校に通うことができるようになりました。入学にあたって、ユニセフは、心理カウンセリング、学費、医療、貧困家庭への支援などのほか、子どもの権利と児童労働をテーマにした話し合いも行いました。教育の機会を得ることの大切さを両親が理解することが必要、とユニセフの担当官は語りました。
「学校で勉強できるようになっただけでなく、友だちもでき、もう毎日砕石場に行かなくていいので安心です。将来は学校の先生になりたいです」（マミタスアさん）

学校で地学の授業を受けるマミタスアさん

目標 9 産業と技術革新の基盤をつくろう

災害に強いインフラをととのえ、新しい技術を開発し、みんなに役立つ安定した産業化を進めよう

9 INDUSTRY, INNOVATION AND INFRASTRUCTURE

© UNICEF/UN013395/Bodele

ドローンのデモ飛行　　　マラウイ

ドローンのデモ飛行を見つめる子どもたちと地元住民。ユニセフは、支援の届きにくい地域にワクチンその他の救命・救援物資を届けるため、ドローン活用の試験を行っています。

インフラとは

インフラとはインフラストラクチャーの略で、「産業や生活の基盤として整備される施設」のことです。道路・鉄道・上下水道・送電網・情報通信など、社会全体で使う施設や設備、サービスのことをいいます。さらに、広い意味では、学校・病院・公園・福祉施設など「生活の場となる施設」もインフラです。

インフラ整備の重要性

これまでもずっと、経済成長や健康、教育などの改善にはインフラへ投資することが重要だと考えられ、実行されていました。食料や薬は道路があるとより早く、より遠くに届けることができます。教育を受けるには学校が必要ですし、水道施設がととのえば、きれいな水を手に入れられ、衛生的なトイレもできます。病院ができれば病気の治療や予防が可能になります。送電網が広がれば、電気をより多くの人たちが使え、生活が便利になり、そして正確で必要な情報を早く入手することができれば生活の質は向上します。今後さらに、輸送や灌漑（農業のために、水をひき、土地をうるおすこと）、エネルギーやインターネット技術といったインフラに投資することは、SDGsをさらに多くの国で進めるのに欠かせないものです。特に途上国においては、産業化を進め、経済成長を実現するために、インフラの整備が効果的な方法となります。

目標9のめざすもの

将来にわたって持続可能な産業ができあがれば、まず、収入を得る場所（仕事）がうまれます。次に、そのおかげで、多くの人が生活水準をあげることができるようになります。

産業化を支えるのは技術力です。持続可能な産業をつくるためには、環境への影響を十分に考えなくてはなりません。そのためには、資源のむだづかいをなくす省エネ技術やエネルギー効率を上げる技術などの新しい技術を開発し、普及させることが必要です。

目標9では、すべての人々の生活が向上するように、インフラを整備し、新しい技術（イノベーション）を取り入れながら、持続が可能となるような産業化を進めることをめざしています。

早期家族再会のアプリに写真を登録するブルンジの女性
© UNICEF/UNI188792/Beechey

目標9 の主なターゲット

- 質が高く、信頼でき、持続可能で、災害にも強いインフラを開発して、だれもが使えるようにする
- 持続可能な産業を広めて、その国の雇用と国内総生産（GDP）の中に占める割合を大きく増やす
- 開発途上国などで、小さな規模のビジネスを行う人たちが、無理なくお金を借りることができ、また、市場に参入できるようにする
- 2030年までに、省エネや環境に配慮した技術などを使い、インフラの改良や産業の改善を行って、持続可能性を向上させる。各国の政府も企業も、できる限り持続可能な成長をめざす
- 2030年までに、すべての国で、新しい技術や科学研究などのイノベーションをすすめ、技術能力を向上させる
- 2020年までに、途上国などにおいて、インターネットなどの情報通信技術を広め、だれもが使えるようにする

© UNICEF/UN051271/Herwig

ヨルダンにある難民キャンプで、シリア難民の家族を訪問するソーシャル・ワーカーの女性。新しいアプリ「プリメロ」を使って、子どもたちの情報を得ている。

▌子ども一人ひとりが、インターネットにつながる（カメルーン）

カメルーンには、隣接する中央アフリカ共和国やナイジェリアの紛争により30万人を超える難民が流入し、カメルーン国内でも30万人以上が国内での避難生活を送っています。そして、その3分の2が子どもたちです。

避難中の子どもたちは、インターネットで学習する機会もなく、その結果、世の中のデジタル技術から取り残される「デジタル格差」が広がっています。そこで、ユニセフが支援する「Connect My School（わたしの学校をつなぐ）」プロジェクトにより、デジタル格差を埋める試みが始まりました。

カメルーン北部にあるこの学校の屋根の上には、ソーラーパネルとお椀型のアンテナがあり、机の上には生徒のためにタブレットが用意されています。アンテナの設置により半径500メートル以内で、インターネットへの接続が可能になりました。設置から数か月後、タブレットのおかげで、ワイバイさん（12歳）はデジタル名人となり、ほかの生徒に教えられるようになりました。

「＜消化＞が課題のとき、タブレットで検索し、消化とは食物が胃の中で変化することだと説明できました」とワイバイさん。タブレットは生徒に情報を与えるだけで

はなく、好奇心を高め、デジタル技術を使えるという自信をつけます。教師も、タブレットの方が、今までの学習法よりも大きな成果を得られると認めています。

デジタル名人となったワイバイさんですが、8歳の時に住んでいたナイジェリアの村が武装集団に襲撃され、家族や隣人と、命からがら逃げ出したのです。このような話はワイバイさんの学校ではめずらしくありません。2014～15年に新たに入学した400人の生徒たちは、みんな、紛争のために故郷をはなれた人たちでした。新しい人たちの受けいれにもタブレットが役立っています。ワイバイさんたちは、インターネット経験がない新しい生徒たちを快くむかえいれ、タブレットの使い方を教えて、デジタル格差をなくす手伝いをしています。

「大きくなったら、先生になって、タブレットの使い方を教えてあげたいし、遠くの人と話して、そこの生活についてなど、いろいろ聞きたいです」（ワイバイさん）

子どもたちがインターネットを活用できるようになれば、将来の道が開け、生活の向上につながります。現在アフリカの人口の半分を占めるのは子どもたちで、将来デジタル技術を使える能力は、アフリカの労働市場で必要なスキルとなるからです。

このプロジェクトはすでに6校で実施され、さらに広がっています。次の目標に、事前に録画された授業をタブレットにアップロードすること、ビデオ電話で、カメルーンの生徒と世界中の生徒とをつなぐことなどもあります。ワイバイさんの夢の実現も目の前です。

タブレットを持ち、質問に答えるワイバイさん

目標 10 人や国の不平等をなくそう

世界中から不平等を減らそう

© UNICEF/UN052604/Romenzi

ぼくたちは奴隷のようだった

ガンビア

ガンビアからの移民アイマモさん、イブラヒムさんの双子の兄弟（16歳）は、リビアで人身売買業者によって数か月にわたり過酷な肉体労働を強いられました。「もし逃げ出そうとすれば、やつらは撃つ。もし働く手を止めたら、やつらは殴る。仕事が終わると、鍵をかけた場所に閉じ込められ、ぼくたちは奴隷のようだった」

今なお残る不平等

これまでの国際社会の努力によって、極度の貧困状態にある人々の数は減少しています。後発開発途上国、内陸の（海に面していない）開発途上国、小島嶼（領土がせまく低地の島）開発途上地域など、最も弱い立場にある国々においても、貧困問題に取り組んだ結果、国家間の、経済上の格差は縮小しました。

けれど、世界中のあらゆる場所で「不平等」が残っています。例えば、保健・医療や教育などのくらしに必要なサービスが普通に、安い価格で受けられるかどうかなど、国によって大きな格差があります。また、同じ国の中に目を向けても、収入の格差などはむしろ広がっている傾向にあります。その背景には、今なお根づよく残る、性別、年齢、障がい、人種、民族、階級、宗教などを理由とした不平等や差別があります。

差別や偏見は世界中にある現実です。例えば、世界には、障がいを持つ子どもや若者が1億2,000〜5,000万人いますが、そのうち学校に通っている子どもは2パーセント以下です。その他にも、ジェンダー差別、HIV/エイズやハンセン病などの病人に対する差別、ロヒンギャ民族やロマなどの民族に対する差別、移民や難民に対する差別、社会階級による差別などがあります。

各国で憲法などにより、「人権の尊重」と「法の下の平等」が定められているにもかかわらず、実際には、こうした差別はなかなか解消されていません。

不平等をなくすということ

もし、自分だけ人とちがうあつかいを受けたら、生まれながらにしてチャンスを与えられなかったら、どう思うでしょうか。プライドを傷つけられ、達成しようとする気力も意欲もなくなってしまいそうです。このように、不平等があるがゆえに、貧困の削減はなかなか実現できず、長期的に見ると、社会と経済の発展を困難なものにします。

目標10は、それぞれの国の中、国と国のあいだ、そして人々のあいだで不平等をなくすことをめざしています。「だれひとり取り残さない」というSDGsの基本理念を強く反映させ、不平等な立場に置かれている人たち、不平等なあつかいを受けている人たちすべてを取り残さないことをかかげています。

例えば、経済成長のための取り組みでは、特定の分野にかたよったものでなく、すべての人が等しく恩恵を受けられるものでなければ、貧困問題の解決には役に立たないと考えられています。不平等を減らすためにとるべき政策は、社会で弱い立場にある人たちや取り残された人たちのことを考えたものでなくてはならないのです。

目標10 の主なターゲット

- 2030年までに、各国の、所得が下位40％にある人たちの所得の成長率を、その国の平均より上まわるようにする
- 2030年までに、年齢、性別、障がい、人種、民族、生まれた環境、宗教、経済状況に関係なく、すべての人の能力をあげて、社会、経済、政治の場に参加できるようにする
- 差別的な法律や政策などをなくし、差別されてきた人たちが他の人たちと同じ機会と同じ恩恵を受けられるようにする
- より広く、着実に平等を実現するため、不利な立場に置かれた人たちを守るような税の制度や賃金、医療サービスなどをはじめとする政策を取りいれる
- 開発途上国が、国際的な経済・金融制度の意思決定の場に参加し、そうした国の意見が反映されるようにする
- 移民（ある国から他の国に移住する人たち）が、しっかりした計画、管理に基づく政策で守られるようにする

イタリアの移民センターで遊ぶエリトリアの子どもたち
© UNICEF/UN020048/GILBERTSON VII

インクルーシブなサッカー大会（キューバ）

ジョアナさん（14歳）は、サッカーのアルテミサ州代表チームでプレーしています。チームのメンバーは、エルマーノス・モンタルボ特別支援学校とカルロス・グティエレス・モンタルボ中学校の生徒たちです。「チームは男女混合で、みんなが練習に参加し、練習を通して、おたがいのことや能力、才能を知り、それに基づいて戦術を考えます」と、ジョアナさんのチームメイトが話します。

子どもたちはだれも、学び、健康に育つ大きな可能性を秘めています。けれど、障がいのある子どもたちは社会の多くの面で疎外されてしまいます。この状況を少しでも変えようと、新たにインクルーシブな（だれもが受け入れられる）サッカー大会の取り組みが行われています。この大会には、キューバのすべての学校が参加することができ、各チームは12〜14歳の生徒11人。そのうち4人は障がいのある生徒です。サッカーができる生徒なら、男女問わず参加できます。

試合をするジョアナさん。ジョアナさんは1年前までは、サッカーをしたこともなかった

ジョアナさんのチームメイトのレクターさん（13歳）は、来年もこの大会に必ず参加すると話しています。「女の子といっしょにサッカーするのは楽しいし、先生が、いろいろ声をかけ、はげましてくれます」

「大会は、障がいのある子どもたちと他の生徒たちとの結びつきを強くする、非常に重要な機会です」と社会心理教育の専門家でもあるチーム監督が語ります。「子どもたちは、共に生活し、分かち合い、おたがいを理解することを学び、家に帰って、ここで学んだことを学校の友達や家族にも伝えます。そうして、子どもたちを分けへだてている"ちがい"という壁が、ゆっくりとなくなっていくのです。」

ユニセフは、キューバで障がいのある子どもたちへの支援に力を入れています。多くの障がいのある子どもや青少年が、インクルーシブな教育を取り入れた特別支援学校や学級に参加しています。ユニセフは教員の研修や家族の意識の向上、スポーツを通した社会参加のための支援も行っています。

チームメイトといっしょに笑顔を見せるジョアナさんとレクターさん

目標 11 住み続けられる まちづくりを

だれもがずっと安全にくらせて、災害に強いまちをつくろう

11 SUSTAINABLE CITIES AND COMMUNITIES

© UNICEF/NYHQ2011-0549/Olivier Asselin

内戦でまちには住めない　　コートジボワール

コートジボワールの首都アビジャン。移民税関執行局の中庭でサッカーをする男の子たち。
ここでは、危険にさらされている子どもたちを保護し、住居やサービスを提供しています。

まち（都市）のかかえる問題

まち（都市）は、商業、文化、生産、社会の発展などさまざまな活動の中心です。現在、世界中の半分以上の人が都市部でくらしています。とくに、途上国では人口の増加とともに、都市への人口集中が急速に進んでいます。

地球の陸地面積の上で、都市部の占める割合は3％程度ですが、エネルギー消費量を見ると、その60〜80％が都市部で使われています。そして、都市部に共通する問題として、過密、基本的なサービスを提供するための資金不足、住居の不足、インフラの老朽化などがあげられます。

目標11は、人がくらしていくための生活まわりのもの、つまり住宅や、交通、エネルギー、水道などの社会・経済インフラをととのえることで、女性、子ども、高齢者、障がい者など弱者をふくむ、あらゆる人たちが安全にくらせるまちを作ろうというものです。

土地や資源、自然環境などに負荷をかけることなく、汚染を減らし、貧困を削減しながら、将来にわたって持続し続けることが可能なかたちで、まちが繁栄する方法を考える必要があります。

目標11の主なターゲット

- 2030年までに、あらゆる人たちが、安全で安価な住宅に住み、基本的サービスを受けられるようにし、スラムを改善する
- 2030年までに、あらゆる人たちが、安全で安価、持続可能な交通機関を利用できるようにする。これは、弱い立場にある女性や子ども、障がいを持つ人たち、そして高齢者が必要とすることに配慮して、公共交通を広げることなどで安全性を高めて実現する
- 2030年までに、あらゆる人たちを取りこむ、持続可能な都市づくりを実現し、すべての国々で、だれもが自分たちのまちをより良くするための計画づくりに参加し、将来にわたって管理できるようにする
- 世界の文化遺産と自然遺産を守り、保護するための努力を強化する
- 2030年までに、弱い立場の人たちに配慮しながら、災害によって亡くなる人や被害を受ける人を大幅に減らし、災害による経済的な損失を大きく減少させる
- 2030年までに、大気汚染を防ぐことや廃棄物を管理することなどによって、都市の環境悪化を減らす

スラムの問題

地方や農村部でくらす人々は、仕事や収入を求めて都市部へやってきます。けれど、都市には、新たにやってきた人たちが住める場所は少なく、スラムとよばれる貧しい地域などでくらさざるをえないことが多いのです。このように、他の地域から人が流入することなどによって人口が増え続けると、まちづくりが追いつかず、水、電気、ガスがない所に住むほかはなく、場合によっては住む場所さえもないというように、スラムの環境はどんどん悪化していきます。スラムに住む人の数は世界でおよそ10億人以上と言われています。ターゲットでは、このスラム地域の改善を定めています。さらに住宅と基本サービスが、災害に耐えられる強じん性（強く、対応力もあるしなやかさ：レジリエンス）を備えたものでなければならないと定めています。

仙台防災枠組2015-2030

2015年3月、東日本大震災の被災地である宮城県仙台市で、「第3回国連防災世界会議」が開催されました。国連加盟国のうち187か国の代表が参加し、日本で開催された国連会議では過去最大級の規模となりました。

この会議で採択されたのが「仙台防災枠組2015-2030」です。これは、SDGsと同じく、2030年までに世界が取り組むべき防災に関する方針を定めたものです。災害による損害を減らすために、国や地方が優先しなくてはならない行動として、

① 災害の影響や危険性（リスク）を理解する
② 災害リスクの管理を行う
③ 防災・減災（災害が発生したときの被害を減らすこと）への投資を行う
④ 効果的な応急対応と「よりよい復興」を実現する

の4つを定めました。SDGsのターゲットにおいても、「仙台防災枠組2015-2030」にそって災害対策を行うことが定められています。

© UNICEF/UN060772/Sokhin

ユニセフの「子どもにやさしいまちづくり事業」

ユニセフは「子どもにやさしいまちづくり事業」を途上国と先進国の両方で展開しています。社会の中で弱い立場にある「子ども」にやさしいということは、「だれにでも」やさしいということです。ユニセフのスローガンである"子ども最優先"の立場から、すべてのまちをくらしやすいまちにしようとする、SDGsの目標11に対するユニセフの大切な取り組みの一つです。

「子どもにやさしいまちづくり事業」では、子どもを社会の一員としてあつかい、地域の政策や法律、事業そして予算において、どのように子どものためになっているかを考えます。そして、子どもたちが、

- まちのあり方について意見を言うことができ、決定に影響を与えることができる
- 家族、コミュニティ、社会生活に関わることができる
- 教育や保健などの基礎的サービスを受けることができる
- 安全な水や衛生施設を使うことができる
- 搾取、暴力、虐待から守られる
- まちを安全に歩くことができる
- 友達と会い、遊ぶことができる
- 植物や動物とふれあうことができる
- 汚染されていない環境でくらすことができる
- 文化的、社会的な行事に参加することができる
- 人種、出身、宗教、収入、性別、障がいのあるなしにかかわらず、そのまちの平等な住民としてすべてのサービスを受けることができる

こうしたまちづくりに関する活動をユニセフは支援しています。

◆ 子どもにやさしいまちをつくる9つのしくみ

1. 子どもの参画
2. 子どもにやさしい法的枠組み
3. 都市全体に子どもの権利を保障する施策
4. 子どもの権利部門または調整機構
5. 子どもへの影響評価
6. 子どもに関する予算
7. 子どもの報告書の定期的発行
8. 子どもの権利の広報
9. 子どものための独自の活動

路地で遊ぶトルコの子どもたち
© UNICEF/NYHQ2005-1185/Roger LeMoyne

目標12 つくる責任 つかう責任

生産者も消費者も、地球の環境と人々の健康を守れるよう、責任ある行動をとろう

RESPONSIBLE CONSUMPTION AND PRODUCTION

© UNICEF/UN0206885/DEJONGH

リサイクル材料で教室ができる　　コートジボワール

アビジャンの幼稚園と小学校で、新たに教室が建設されています。建設にはプラスチックをリサイクルした資材が使われています。1クラス100人以上という過密状態をなくし、さらに多くの子どもたちに安全な学びの場を提供します。

持続可能な生産と消費とは

「より少ないもので、より大きく、より上手に効果をあげる」これが目標12でめざす生産と消費のあり方です。
生産と消費の関係を見てみます。18世紀後半の産業革命により、生産力が大きく上昇したことから、世の中全体が、「良い循環」を追い求め、産業を発展させ、経済の成長を続けてきました。けれどその結果、今の世界は多くの問題をかかえるようになりました。

つくる側も、使う側も

持続可能な生産と消費を進めるためには、つくる側と使う側それぞれが、いろいろな場面で、次のように取り組むことが必要です。

- 使う資源、エネルギーの効率を上げる。省エネを進める
- 環境悪化や汚染につながらないような生産、消費を行う
- この結果として、最終的に得られる繁栄、恩恵を増やす。社会の基本サービスを充実させる
- すべての人に、自然環境に配慮した働きがいのある仕事と質の高いくらしへの道を開く

これらを実現すること、つまり生産と消費において「より少ないもので、より大きく、より上手に効果をあげる」ようにすることで、将来にわたって世の中全体のむだなコストの削減につながり、経済成長や貧困削減など、あらゆるSDGsの目標の達成を後押しすることになります。
これには、生産者、企業、小売業者から政府、最終消費者にいたるあらゆる人々、製品の原料から廃棄されるまでの過程に関わるすべての人々の協力が必要です。持続可能な未来へとつなげるために、生産と消費のパターンを世界全体で見直し、変えていかなければならないとの決意のあらわれとして目標12が定められました。

目標12 の主なターゲット

- 持続可能な消費と生産についての「10年計画枠組み」を、先進国が主導して、すべての国で行動を起こす
- 2030年までに、持続可能なやり方で、天然資源の管理と効率的な利用ができるようにする
- 2030年までに、世界全体で、小売りや消費者レベルでの、一人当たりの食品廃棄物の量を半分に減らし、生産現場や、供給ルートでの食品の損失を少なくする
- 2020年までに、「製品ライフサイクル」（製品が製造されてから消費、再生されるまで）を通して、化学物質やすべての廃棄物の適正な管理ができるようにする。また、人の健康や環境への悪影響を最小とするため、空気、水、土壌の中へ放出する化学物質や廃棄物の量を大幅に減らす
- 2030年までに、廃棄物の発生防止、削減（リデュース）、再生利用（リサイクル）、再利用（リユース）によって、廃棄物の発生を大幅に減らす
- 2030年までに、あらゆる場所で、人々が、自然と調和したくらしなどについての適切な情報と意識を確実に持てるようにする

食品ロスとは

このターゲットでは食品廃棄物を半減することが定められています。
まだ食べられるのに捨てられている食べもの（「食品ロス」といわれています）が、日本でも問題になっています。
2015年度の数字では、日本国内で1年間に廃棄された食品の量は、約2,800万トン。このうち、食品ロスは約632万トンとなっています。具体的には、売れ残りや期限を超えた食品、食べ残しなどです。日本国内での食品ロスの量は、世界中で飢餓に苦しむ人々に向けた世界の食料援助量（2014年で年間約320万トン）の約2倍です。
食品ロスの問題は、目標12の大切さを理解するための身近な例です。

製品の一生を考える

「製品ライフサイクル」とは、製品の「一生」、つまり原料から製造し、輸送し、使われて、捨てられ、そして再生されるまでのことです。このターゲットでは、製品を「製品ライフサイクル」の視点で考えて、健康や環境へ与える影響が最小になるように、生産者も消費者も行動しようとしています。
環境面へ配慮した製品や行動は、日本では「エコ製品」「エコ消費」と言われることがあります。

エチオピアの子どもたち
© UNICEF/UNI183029/Nesbitt

3Rから4Rへ

廃棄物を減らすために3Rを推進する活動が行われてきました。

Reduce（リデュース）：出るごみを減らす
Reuse（リユース）：くりかえし何度も使う
Recycle（リサイクル）：資源として生まれ変わらせる

現在では、これら3つのRに、Refuseを加えた、4Rが主流になっています。Refuse（リフューズ）とは、消費者が拒否するということ。コンビニで、はしやスプーンをもらわずに家にあるものを使う、スーパーのレジ袋をもらわずにエコバッグを使うなど、いらないものを「いらない」と断る、消費者自身の行動のあり方のひとつです。

目標13 気候変動に具体的な対策を

気候変動から地球を守るために、今すぐ行動を起こそう

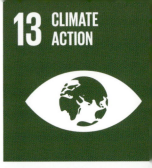

北極の氷が溶けています

アラスカ州／アメリカ

北極海の海辺で氷の上に立つアマイアさん（11歳）。地球温暖化により、北極海の氷が異常に溶けだしています。氷上でくらせなくなった動物たちが、海岸に避難するなど、地球温暖化は、人間にも野生動物にも深刻な影響を与えています。

気候変動の影響

多くの地域で、今まで経験したことがない「異常気象」が起こっています。ハリケーン、台風、サイクロンによる洪水などの被害、雨が降らないことによる干ばつ、気温上昇や、海面の上昇。気候変動によって引き起こされると考えられているこのような現象は、人間だけでなく、地球上のすべての生物に影響をおよぼしています。

人間の活動から生じる二酸化炭素は、地球温暖化につながり、気候変動を加速し、増加させます。近年、人類史上かつてないほど二酸化炭素の排出レベルが高くなっています。今、行動を起こさなければ、今世紀中に、地球の平均表面温度は3度以上高くなると予測されています。

SDGsへの影響

気候変動によって、SDGsのほかの目標はどのような影響を受けるのかを考えてみましょう。弱い立場にいる人々は、気候変動によるさまざまな被害をより多く受けるでしょう。その結果「貧困」の改善は遠のき、「不平等」は拡大します。干ばつにより作物の生産が減少し「飢餓」のリスクは高まり、「健康」や「衛生」の達成は困難になります。災害のたびに「水」の供給源が失われたり、損なわれたりすることも、「学校」「インフラ」が流されることもあります。気候変動は、SDGsの目標達成へ向け進んできた歩みを遅らせ、今後何十年にわたって発展をさまたげることになると予測されています。そうならないためにも、気候変動は、今すぐに、具体的な行動を起こさなければならない、緊急の問題なのです。

目標13の主なターゲット

- あらゆる国で、気候関連の災害や自然災害に対応できる能力を高める
- 気候変動への対策を、各国の政策、戦略や計画に盛りこんで取り組む
- 気候変動を抑えることや、気候変動へ適応すること、影響を軽減させること、早期に警戒することについての教育を行う
- 開発途上国の実施する気候変動対策にあたって、先進国は資金面での協力を行うようにする

ハリケーンにより破壊された建物の前に立つドミニカの男の子
© UNICEF/UN0119399

地球全体の問題

ターゲットのポイントは、気候変動の影響に備えることと、気候変動を抑えることの二つです。

気候変動は、国境を越えた地球全体の問題です。例えば、温室効果ガス（二酸化炭素など）がどこで排出されたとしても、すべての場所の人たちに影響を与えます。ですから、国際レベルで協力して解決策を考え、実施することが必要です。

コミュニティ菜園が希望を育む（ニジェール）

気候変動により、雨の降る地域が変わると、多くの地域で、作物の生産性が落ちる可能性が高くなると予測されています。そうなると途上国では、何億人もの人たちが食料を十分に生産することも、購入することもできなくなるでしょう。

ニジェールでは、食料不足による栄養危機への対応に苦しんでいます。けれど、アリキンキンの村では、コミュニティ菜園が、食べものを生みだして、子どもたちを栄養危機から守っています。アリキンキンの菜園に整然と植えつけられた作物は、井戸からくみ上げられた淡水で灌漑栽培され、この国のほかの地域の状況とはおどろくほどのちがいを見せています。

アリキンキン周辺には50か所のコミュニティ菜園があり、そのおかげで子どもたちは、栄養に富む食べものを得られるようになりました。菜園では、トマトや玉ねぎ、ニンジン、エンドウ豆やそのほかの豆、キャベツ、ジャガイモ、小麦が栽培されています。穀物がとれない時期に、菜園から野菜を収穫できれば、長い飢えの季節を乗りこえることができます。収穫した野菜は、まず最初に子どもたちに与えられます。余ればそれを市場で売ることができます。この売り上げは、菜園で働く女性たちの銀行口座に貯金されます。そして、薬を買ったり、学費や制服代に使ったり、必要な食料品の調達に役立てられています。

© UNICEF/UNI56962/Noorani

コラム　COP21の「パリ協定」

気候変動を抑える取り組み（温暖化対策）として、世界各国は2015年12月12日、フランスのパリで開催されたCOP21（国連気候変動枠組み条約第21回締約国会議）で「パリ協定」を採択しました。

パリ協定は、1997年に採択された「京都議定書」以来の国際合意で、京都議定書から離脱したアメリカや、温室効果ガスの排出量が増加している中国、インドのような新興国をふくめて、加盟する196か国すべてが参加したため、画期的な合意といわれています。2020年度以降の地球温暖化対策について、次のように決めました。

- 産業革命前からの気温上昇を2度より低く抑え、1.5度未満を努力目標とする
- 開発途上国をふくむすべての加盟国が、温室効果ガスの具体的な削減目標を申告し、削減量を増やす方向で5年ごとに見直す
- 最初の評価は2023年に行う
- 21世紀後半には、人間の活動による排出量と、森林などによる吸収量がつりあうようにする
- 先進国は、義務として、開発途上国へ、温暖化対策の資金援助をする
- すべての加盟国は、排出量、技術供与、資金援助額などの取り組み状況を公開しなければならない

なお、日本は、2013年を基準年として、2030年までに26％削減することが目標とされています。

これまで、気候変動に関する国際会議では、先進国と途上国の間で意見の対立がありました。地球温暖化対策は先進国・途上国にかかわらず、すべての国で取り組まなければならないというのが先進国側の主張です。これに対し、途上国側は、地球温暖化は先進国がもたらしたものであり、その恩恵も受けてきたのだから、主に先進国が責任をもって取り組むべきだと主張しています。

この主張の対立については、気候変動への対策や再生可能エネルギーの開発などの分野で、先進国が途上国に対して資金援助を行う形で解決をはかっています。

目標 14 海の豊かさを守ろう

海の資源を守り、大切に使おう

14 LIFE BELOW WATER

ぼくの通学路　　　キリバス

海の役割

地球の表面積の70%は海です。海は、人間だけでなくあらゆる生物が生きていくうえで、とても重要な役割をはたしています。

海水は、水平方向にも、垂直方向にも、とても大きく広い範囲で循環しています。海水が循環するということ、これが地球全体を維持するのに欠かせないシステムとなっています。海の役割は大きく3つあります。

❶ 気温と気候を調整する

海は、太陽から注がれた熱を地球全体に送りだし、大気に水分を供給しています。海に注がれた太陽の光は、熱に変わって、海水の温度を上げ、海流により地球全体へと送り出されます。そして、太陽からの熱は、海水を蒸発させ、大気に水分を供給するのです。この働きによって、地球全体の気温や気候が調整されます。

❷ 地球温暖化を抑える

海は、大気中の二酸化炭素を吸収し、また大気中の熱を吸収することによって、地球温暖化を抑える役割をはたしています。海は、人間の活動により発生する二酸化炭素の約30%を吸収するといわれています。

❸ めぐみを与える

海は、さまざまな資源やエネルギーを人間に与えます。海そのものが、多くの生き物が住む巨大な生命圏となっていて、人間にさまざまな食べものを与えてくれます。日本のように、魚や貝などの海産物をよく食べる地域では、水産業を通じても生活と深いかかわりがあります。海が人間にもたらす資源は、食べもののほかにも、鉱物やエネルギーなど多くの種類があります。

また、歴史を通じてずっと、海は商業や輸送のための大切な水路でもありました。

目標14のめざすもの

このような地球規模のシステムの一環である海が、今、危機的な状況にあります。ゴミが捨てられたり、家庭や工場から化学物質をふくんだ排水が河川から流れこんだりして海の汚染が進んでいます。また、地球温暖化によって海の温度や海流が変化し、海にくらす生き物やサンゴ礁などに悪い影響を与えています。

目標14は、海の環境を守り、海のもつ役割を維持しながら、将来にわたって持続可能な方法で海を利用していくことをめざすものです。

目標14 の主なターゲット

- 2025年までに、陸上での人の活動による汚染をふくめ、あらゆる種類の海洋汚染を防止し、大幅に減らす
- 2020年までに、海の強じん性を高め、管理と保護を行い、生態系の回復に取り組む
- あらゆるレベルでの科学的協力を進め、海洋酸性化による影響をできるだけ少なくし、対応を行う
- それぞれの水産資源を、持続可能な漁業ができるようになる量まで回復させるため、2020年までに、魚などを必要以上に獲る漁や違法な漁業行為を終わらせ、科学的な管理を行う

持続可能な漁業とは

このターゲットでは、持続可能な漁業についても定めています。

今、世界の海では、魚や貝、エビなどの水産物の獲りすぎが問題となっています。海の生態系を考えずに、魚などが自然に繁殖する力を超えて魚などを獲りすぎたため、年々、漁獲量が減り、地域、生物の種類によってはゼロになってしまう危機にあります。

水産資源の「科学的な管理」というのは、科学者などが、調査やデータから、次に生まれてくる世代の個体数を考えれば、ここまでは獲っても大きな影響は出ないだろう、という漁獲量を定めるものです。また、違法な漁業、破壊的な漁業には、海にダイナマイトを投げ入れ爆発させて、浮いてきた魚をとる漁法や、目的以外の魚が網などにかかった場合、捨ててしまう「混獲」といったものがあります。

持続可能な漁業は、消費者だけでなく、長期的には漁業を営む人々にとっても、利益につながるものです。漁業者を保護、育成するという点からも、途上国や小規模漁業者への技術提供や海洋資源の管理を徹底するなどの対応も重要です。

© UNICEF/UN020034/Gilbertson VII

レジ袋をやめよう！（バリ島 / インドネシア）

インドネシアのバリ島に住むムラティさんとイザベルさんの姉妹は、島の美しい自然を守るため、2013年にレジ袋をゼロにする「BYE BYE PLASTIC BAGS（バイバイ、レジ袋）」活動を立ち上げました。レジ袋は自然にかえすことはできません。それなのに、身勝手なポイ捨ては後をたちません。捨てられたレジ袋のほとんどは海にたどりついて、海水と海岸を汚染し、生き物たちを傷つけています。このままだと、美しかったはずのバリ島はレジ袋のゴミだらけになってしまいます。イザベルさんは仲間たちに訴えました。「簡単なことだなんて言わない。でも、これはやる価値があることだって伝えたい」

バリ島では、多くのゴミが回収されません。「バリでは、1日に約680立方メートルのプラスチックゴミが出ます。これは14階建てのビルに相当します」イザベルさんは、世界的な講演会である テド・カンファレンス（TED Conference）で話しました。「そして、レジ袋においては、リサイクル率はたったの5％以下です。」

2013年に、この活動を始めた時、まだムラティさんは10歳、イザベルさんは12歳でした。バリ島でのレジ袋使用を廃止するよう州知事に約束してもらうために、請願書を作成したり、ビーチの清掃活動をしたり、空港で署名活動をしたり、さらにはハンガーストライキ（！）まで実施し、ようやく二人の努力は実りました。

2015年1月、州知事は二人と面会し、「2018年までにバリ島でのレジ袋使用を廃止する」という約束をしたのです。

二人の活動はやがて大人たちを巻きこみ、地元のお店が使える「レジ袋廃止宣言」シールを作ったり、エコバッグを製作したりと、バリ島じゅうへ広がっていきました。ムラティさんとイザベルさんはテド・カンファレンスの講演で最後に言いました。「リーダーになるのに、年齢は関係ない」

目標 15 陸の豊かさも守ろう

陸の豊かさを守り、砂漠化（さばくか）を防いで、
多様な生物がいきられるように大切に使おう

15 LIFE ON LAND

© UNICEF/UNI37210/Vitale

木を売って食べものを買うのです　　マラウイ

女性が丘（おか）の斜面（しゃめん）の木を伐（き）っています。これを売って食べものを買うのです。この地域（ちいき）では、燃料にするため、あるいは農耕地を広げるために樹木（じゅもく）が伐採（ばっさい）され、すでに森林破壊（はかい）が進んでいます。

森林の役割

南太平洋にあるイースター島は、約900体のモアイ像の遺跡で知られています。この島で栄えた高度な文明は、森林を失ったことにより滅びたといわれています。古代の文明が森や川のある所に生まれてきたことからわかるように、地球上の陸地面積の30%を占める森林は、昔も今も重要な役割をはたしています。

❶めぐみを与える

木材は建築の材料になり、炭や薪として燃料にもなります。また、きのこや山菜などの食べものを与えてくれます。

❷地球温暖化を防ぐ

樹木は光合成により酸素をつくり、また、二酸化炭素や熱を吸収するため地球温暖化を防ぎます。

❸水をたくわえ、きれいにする

森の土は、木の生えていない所の土と比べ、雨水を地中にしみこませる力が3倍もあります。雨水をしっかりと土の中にたくわえてゆっくり河川に流すことができるので、洪水や渇水を緩和したり、水質を浄化したりという働きもあります。

❹栄養を与える

森から流れ出る水には栄養分があり、川や海に豊かな漁場をつくり、飲み水となる川の水、栄養分が豊富な土を育てます。

❺災害を防ぐ

地中にはりめぐらされた木の根は土を斜面につなぎとめる能力を持っているので、洪水や土砂くずれをふせぐ防災の役目もはたしています。

❻生物多様性を支える

そして、陸地に住む動物、植物、昆虫の80%が森林を住みかにしています。森林に住む生き物は、森の役割・仕組みと関わりあいながら、陸地の生態系のバランスをとることにより、多様性を支えています。

失われつつある森林

人間の生活にとって森林は欠かすことはできません。けれど、人口の増加や計画性のない利用により、森林破壊が進んでいます。木材が過剰に伐られることにより、森林の植物、生き物間のバランスがくずれ、森林の砂漠化が進んでいます。すでに森林の砂漠化は36億ヘクタールまで進んでいます。さらに、毎年1300万ヘクタールのペースで森林が失われています。
目標15は、陸地と森のめぐみを持続可能な形で利用できるようにすることをめざすものです。そのための具体的な対策方法がターゲットに定められていますが、考えの基本は「生物多様性を失わないようすること」にあります。

目標15の主なターゲット

- 2020年までに、陸上の生態系を守り、失われている場合には回復させて、持続可能な利用ができるようにする
- 2020年までに、あらゆる森林で持続可能な利用ができるようにし、森林の減少を押しとどめて森林を再生させ、さらに、世界全体で新たな植林を行う
- 2030年までに、砂漠化を防ぐ取り組みを行い、砂漠化、干ばつや洪水などによってやせ細った土地と土壌を回復させ、維持する
- 2030年までに、持続可能な開発に欠かせない山地の生態系を回復させて豊かなものとし、生物多様性をふくむ山地の生態系を確実に保護・管理していく
- 生物が生息している場所の自然環境を守り、生物多様性が失われるのを止める。2020年までに絶滅危惧種を保護し、絶滅させないようにする

他の目標との関わり

森林を保護し、持続が可能な形で利用していくことは重要です。けれど、途上国など一部の地域では、人口の増加に対応するため、木を伐採して家を作ることもあります。また、食料不足への対応として、森林を伐採して畑を作ることが必要な場合もあるでしょう。このように、SDGsの他の目標を進めると、目標15の達成が遠のいてしまう場合があります。目標15を進めるには、地域の人々と十分なコミュニケーションをとり、森林保護が最終的には利益につながるものであるという考えを共有することが大切です。また、先進国から途上国に対する資金援助も必要です。

© UNICEF/UNI48135/Pietrasik

子どものために畑の世話を（バングラデシュ）

アブドゥル・シャヒドさんとマフラ・ペルビンさん夫婦が、畑の世話をしています。夫婦の長男はすでに成人していますが、子どものころは栄養不良状態でした。当時の若い夫婦には、幼い子どもの適切な発達のために必要な知識も収入もなかったのです。

現在は、栄養のある農作物の育て方や生産量を上げる方法について、地域に設置されている農産物対策室からアドバイスを受けています。アブドゥルさんは、今日の家族の健康は、農薬を使わずに世話をしているこの畑のおかげだと言います。「だから、わたしの娘も、他の子たちよりも背が高いんですよ」（アブドゥルさん）

目標 16 平和と公正をすべての人に

平和でだれもが受け入れられ、
すべての人が法や制度で守られる社会をつくろう

© UNICEF/UN066024/Almohibany

マラとここで遊んでいたんだ　　シリア

「マラとここで遊んでいた時、突然、まわりが全部真っ暗になって、気づいたら病院にいたんだ」と話す、ダマスカス郊外でくらすアブドラさん（6歳）。いっしょに遊んでいた妹は、爆撃によってくずれたがれきの下敷きとなり亡くなりました。

世界の平和に向けて

毎日のように、世界のどこかで紛争やテロが発生し、それにともなって人々の命が失われたり、住む場所を追われたりという心いたむニュースが報じられています。また、国内に目を向けても、暴力、虐待、いじめに関する事件などが後をたちません。残念なことですが、家庭、学校や社会のなかで、そして国家間において、さまざまな形の暴力が存在し、そのために苦しんでいる人々が多数いるのです。

2030アジェンダの前文で、「（SDGsは）より大きな自由のもとで、普遍的な平和を強化するもの」とうたわれているように、「平和」はSDGs全体の目的であり、もっとも重要なキーワードの一つです。目標16は、平和を達成し、人々が守られる社会を実現するための道すじを、具体的なターゲットとしてあげています。

紛争やテロがある状況をなくし、暴力と、暴力による死をなくすことが、まず、平和への第一歩です。また、世界には、子ども兵士などをふくめて、成長に有害な労働を強いられている5〜17歳の子どもが約1億5,200万人※といわれています。さらに、強制労働や買春、強制的な結婚、家事労働などのために売り買いされる子どもたちもいます。このように、特に弱い立場にいる子どもたちを虐待や搾取、不当な労働などから守ることも不可欠です。そして、「公正」な社会を実現するためには、法律を整備し、人々がきちんと法律の保護を受けられ、裁判を受けられるような社会の実現に向けて取り組まなければなりません。日本では、当然のことのように受けとめられていることも、まだまだ実現されていない国や地域があることを忘れてはならないのです。将来に負の連鎖をつなげないためにも、今、世界が協力して、社会全体の仕組みをしっかりととのえることが重要です。

※『Global Estimates of Child Labour』(ILO)/2017年

シリアの少女
© UNICEF/UN0207850/Al-Issa

目標16 の主なターゲット

- すべての場所で、暴力と、暴力よって死亡する人を大幅に減らす
- 虐待、搾取、人身取引など、子どもに対するあらゆる暴力や拷問をなくす
- 法律によって治められる社会を進めて、すべての人々が、平等に、司法で守られるようにする
- 2030年までに違法な資金や武器の取引を大幅に減らし、うばわれた財産の回復・返還ができるようにして、あらゆる組織犯罪と戦う
- あらゆる汚職やわいろを大幅に減らす
- あらゆるレベルで、その活動内容が人々に公開され信頼できる公共機関・役所になるようにする
- あらゆるレベルで、だれでもが、意見をのべ、参加でき、意思決定を行えるようにする
- 2030年までに、すべての子どもに戸籍を与え、すべての赤ちゃんの出生登録を行う
- 法律の範囲内で、人々が自由に情報を得ることができ、また発信できるようにする

出生登録の現状

世界中で、生まれてくる子どもたちの約半分は出生登録をされていません。そのため、戸籍のような身分を証明するものがなく、教育や保健などのサービスを十分に受けられないという現実があります。そしてまた、孤児や難民、ストリートチルドレンなどは、家族や社会に十分守られずにいるため、人身売買や強制労働の被害を受けやすくなります。そういった子どもたちを危険から守らなければなりません。

© UNICEF/UNI170432/Mawa

教育こそが人生の鍵

目標16は、女の子に対する性的搾取をふくむ暴力、児童婚、不当な家事労働などをやめ、ジェンダー格差をなくさない限り、達成することはできません。
2017年、シリア難民で教育活動家のマズーン・メレハンさんがユニセフ親善大使に任命されました。マズーンさんは、ヨルダンのザータリ難民キャンプでくらしている時にユニセフから支援を受けていました。

チャドの学校を訪ねるマズーン・メレハンさん

「わたしは子どもでしたが、教育こそが私の人生の鍵だということがわかっていたので、シリアから逃がれるときに持っていた唯一の荷物は、学校の教科書でした」とマズーンさんは言います。「わたしは難民として、早婚や単純労働を余儀なくされ、教育を受ける機会を失い、将来の可能性を失う子どもたちを見てきました。ですから、わたしは、ユニセフと共に活動して、このような子どもたちに発言の機会を与え、学校に戻れるようにできることを誇りに思います」

アンマンの学校を訪ねたマズーン・メレハンさんとシリア難民の生徒たち

目標 17 パートナーシップで目標を達成しよう

世界すべての人がみんなで協力しあい、これらの目標を達成しよう

ベトナムの少女たち
© UNICEF/UNI110369/Estey

世界中のみんなとパートナーシップ

パートナーシップ

持続可能な開発目標を成功させるためには、国家、政府、企業、市民それぞれの間で、立場も地域も超えたパートナーシップが必要です。ここでいうパートナーシップとは、お金や労働、技術などにおいての協力のことです。地球上のすべての人々が、人類と地球とを中心に考えた価値観と、めざすことや目的をともにし、さまざまなレベルで協力していくことが求められています。

目標1から16までは、世界で問題となっているテーマについて、達成すべき目標をかかげ、これから取り組むことを具体的にターゲットとしてあげています。これに対して、目標17は、目標1から16について、世界の国々、世界の人々がどのような形のパートナーシップを結び、解決していくのかという、その方法や、実施手段、体制をしめしたものです。

目標17 の主なターゲット

目標17には19のターゲットがあり、7つの分野に分けてまとめています。ここでは、各分野でパートナーシップにより協力を行う項目をあげることにします。

資金
- 国内で税金をかけ、徴収すること
- 先進国が途上国に対して政府開発援助（ODA）、資金援助、投資を行うこと
- 開発途上国の債務（借金）負担を軽減すること

技術
- 最新の科学技術、環境に配慮した技術、情報通信技術の提供と共有

能力構築
- 開発途上国に対する能力向上のための支援

貿易
- 公平な貿易ルール
- 開発途上国の輸出量を増やすこと
- 開発途上国からの輸入品に対する関税などの見直し

体制面／政策・制度的整合性
- 世界的な経済の安定化、政策の一貫性、各国のリーダーシップの尊重

マルチステークホルダー・パートナーシップ
- さまざまな関係者、政府、企業、市民のパートナーシップによる協力体制を築く

データ、モニタリング、説明責任
- 質の高いデータを入手し、また、統計の能力を向上させること

資金に関する協力とは

資金について見てみましょう。多くの目標を達成するには資金が必要ですし、また問題解決のために有効です。特に途上国や厳しい状況に置かれている地域では、長期にわたる投資が必要とされています。持続可能な開発目標を達成するためには、国家の予算など、公の資金だけでなく、民間企業などのもつ何兆ドルという資金を投資などの形で活用できるようにしていく必要があります。そして、直接、金銭を投資するだけではなく、持続可能なエネルギーや、インフラ、輸送、インターネット技術などをととのえるための援助も必要としています。さらに、資金による協力や援助を進めるためには、適切に資金が使われているかどうかを監視する仕組みも欠かせません。法律をととのえることや、投資を行う目的をはっきりさせること、利点を見直し、一新することも必要です。

"数えられていない"子どもをなくす

SDGsのターゲットに関する取り組みが進んでいるかどうかを測るため、さまざまなデータを指標として用いています。けれど、SDGsの指標となるデータが不足または不十分な国にくらしている子どもたちは5億2,000万人いる※といわれています。言いかえれば、この子どもたちは「数えられていない」状態にあるということです。

例えば、貧困をなくすためには、まず、対象となる子どもたちはだれなのか、どこに住んでいて、何が必要なのかを知るためのデータが必要となります。だれひとり取り残さないようにするためには、もれがなく、正確で、質の高いデータを集めることが重要となります。

ターゲットでは、さらに、技術の提供、途上国の能力の向上、貿易ルールの見直し、現状把握のためのデータ入手など、さまざまな項目について具体的に定め、世界的なパートナーシップを活発にすることをめざしています。

※『SDGs達成に向けた子どもたちの前進』(ユニセフ)/2018年

ロヒンギャの子どもたち
バングラデシュ・コックスバザールの学習センターにて
© UNICEF/UN0158132/Sujan

3章 あなたにとってのSDGsとは

これまで、SDGsとはどういうものなのか、そして17の目標の内容を見てきました。ここでは、日本の子どもたちが、今、世界が直面し、子どもや若者に影響を与える問題をどのようにとらえているのか、また世界のリーダーたちに何を望んでいるのかという調査の結果を見てみましょう。

◆ 日本の子どもたち1000人に聞きました

この調査は、ユニセフが、2017年の「世界子どもの日（11月20日）」に向けて、9歳から18歳までの子どもたちを対象に、日本をふくむ14か国で実施したものです。日本では1000人が対象となっています。

世界中に住むあなたと同世代の子どもたちに影響をおよぼす11の問題です。

- 自然災害
- 紛争や戦争
- テロ行為
- 自然に対する脅威
- 子どもの虐待／いじめ
- 貧困
- 子どもに対する暴力
- 不十分な教育環境
- 不十分な医療環境
- 難民や移民の子どもに対する不当なあつかい
- 飢餓

Q1 それぞれの問題について、あなたはどれくらい心配していますか？

回答　1位　自然災害（40％）
　　　2位　紛争や戦争（38％）
　　　3位　テロ行為（35％）
　　　　　 自然に対する脅威（35％）

Q2 これらの問題の中で、あなた自身に影響がおよぶと心配しているのは？

回答　1位　自然災害（74％）
　　　2位　自然に対する脅威（65％）
　　　3位　紛争や戦争（62％）

Q3 では、その中で、世界のリーダーに対策をとってほしい問題は？

回答　1位　紛争や戦争（36％）
　　　2位　貧困（14％）
　　　3位　テロ行為（12％）

Q1、Q2とも、「自然災害」が1位でした。自然、紛争や戦争、テロといった上位の回答を見ていくと、自分自身の生活の中で体験するか、あるいはニュースなどで知ることの多いテーマだったのではないでしょうか。
Q3については、3人に1人以上が「紛争や戦争」と答えています。

Q4 大人や世界のリーダーたちのことを、子どもたちのために正しい判断がくだせると、信頼していますか？

回答　はい　　34%
　　　いいえ　66%

Q4について、残念なことに、66%、約3人に2人が「いいえ（信頼していない）」と答えました。
また、Q5についても、半数が自分の意見を正当に評価してもらえないと感じています。

Q5 子どもたちに影響およぼす決定に関して、あなたの意見は…

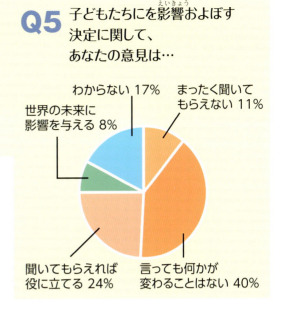

- わからない 17%
- まったく聞いてもらえない 11%
- 世界の未来に影響を与える 8%
- 聞いてもらえれば役に立てる 24%
- 言っても何かが変わることはない 40%

Q6 あなたの意見を正当に評価してくれるのはだれですか？

回答　家族　　　　　86%
　　　友だち　　　　80%
　　　先生　　　　　61%
　　　世界のリーダー　21%
　　　政府　　　　　19%

Q7 世界のリーダーが子どもたちの声に耳をかたむけたら、世界は子どもたちのために良くなると思いますか？

回答　はい　　77%
　　　いいえ　23%

Q6について、「世界のリーダー」や「政府」は正当に評価してくれていないと感じています。けれど、Q7では、子どもたちの声に耳をかたむければ、「世界は子どもたちにとってより良くなる！」と77%の子どもたちが考えています。

では、大人やリーダーたちが、あなたの意見に耳をかたむけるとすれば、どのようなことを伝えたいでしょうか。以下、それぞれの項目について考えてみましょう。

「世界のすべての子どもや若者が持っている権利のなかから、ひとつだけ選ばなければならないとしたら、何を選びますか？」

「世界中の若者の生活を改善するために、すごい力を使えるとすれば、どのような力ですか？　また、その力をどのように使いますか？」

「もし、自分が国のリーダーとなったとしたら、自分と同年代の人たちの生活を改善するためにどんなことをしますか？」

あなたはどんなことを考えましたか？

SDGsは、"壮大（そうだい）で野心的な目標"といわれることがあります。たしかに、世界中でだれひとり取り残すことなく、2030年までに、これだけたくさんの問題に立ち向かうのですから、決して簡単（かんたん）なことではありません。

あなたが考えたこと、そのことを通じて、自分がSDGsとの関わりで、やりたいことを、ひとつでいいから見つけてみませんか。今、身近で、できることをひとつでも始めてみませんか。

あなたの行動は、家族や友人、同じ気持ちを持つ仲間とつながり大きな力になるかも知れません。そして、世界のリーダーに声が届（とど）き、世界中のパートナーシップによって、さらに大きな力を得れば、SDGs達成の力強い原動力となるでしょう。やがて来る2030年に、SDGsがめざす世界が実現し、それに自分の行動が関わっていると考えたらわくわくしませんか。

SDGsとは、世界中のみんなと共に未来づくりに参加するということなのです。

© UNICEF/UN061996/Vishwanathan

あ
- アジェンダ ················· 7,9,11,14,85
- 異常気象 ································ 73
- イースター島 ···························· 81
- イノベーション（技術革新）········ 17,54,57,58
- インクルーシブ ·························· 63
- 栄養不良 ············ 6,15,26,27,28,29,32,83
- 温室効果ガス ························ 74,75

か
- 漁業 ································· 27,78
- 結核 ································· 31,32
- 国際貧困ライン ·························· 21
- 国際連合（国連）········ 7,10,11,15,17,27,66,75
- 国際労働機関（ILO）················ 10,54,85
- 国連教育科学文化機関（UNESCO）····· 10,35,40
- 国連食糧農業機関（FAO）··············· 10,27
- 子どもの権利 ···················· 15,16,55,67
- 子ども兵士 ························· 52,54,85

さ
- 再生可能エネルギー ················ 17,49,50,75
- 砂漠化 ···························· 80,81,82
- 産業革命 ·························· 49,69,75
- ジェンダー ············ 11,36,39,40,41,43,61,87
- 児童婚、早婚 ···················· 38,39,40,41,85,87
- 児童労働 ························ 17,53,54,55,85
- 出生登録 ································ 86
- 省エネ ························· 17,50,57,58,69
- 食品ロス ································ 70
- スラム ································ 65,66
- 製品ライフサイクル ······················ 70
- 政府開発援助（ODA）···················· 89
- 生物多様性 ·························· 17,28,81,82
- 世界銀行 ···························· 10,21,27
- 世界保健機関（WHO）·············· 10,27,31,45
- 仙台防災枠組 ···························· 66
- 相対的所得ギャップ ······················ 25
- ソーラー ······························ 51,58

た
- 大気汚染 ································ 65
- 地球温暖化 ················ 50,72,73,75,77,81
- 地球市民 ································ 17
- ディーセントワーク ······················ 53
- デジタル格差 ·························· 58,59

な
- 難民 ·············· 6,16,20,51,58,61,86,87,92
- 二酸化炭素 ···················· 49,50,73,74,77,81
- 農業 ·························· 26,27,28,33,57

は
- 発育阻害 ································ 27
- パリ協定 ································ 75
- 東日本大震災 ·························· 50,66

- 貧困率 ·································· 25

ま
- マラリア ···························· 30,31,32

や
- ユニセフ ···· 4,10,14,15,16,24,25,27,29,37,41
  45,47,51,55,56,58,63,67,87,92
- 予防接種 ························ 29,31,32,33

ら
- リサイクル ······················ 46,68,70,71,79
- レジリエンス ···························· 66
- ロヒンギャ ························ 5,6,16,61,91

国名
- アメリカ ···························· 10,72,75
- イエメン ···························· 21,29,40
- インド ······························ 48,75,82
- インドネシア ···························· 79
- エチオピア ···························· 44,71
- エリトリア ···························· 37,62
- カメルーン ································ 58
- ガンビア ································ 60
- カンボジア ································ 33
- キューバ ································ 63
- キリバス ································ 76
- コートジボワール ······················ 64,68
- コンゴ ································ 38
- シエラレオネ ························ 30,39,42
- シリア ·························· 51,58,84,85,87
- ソマリア ································ 47
- 中国 ···································· 75
- ナイジェリア ························ 20,58,59
- ニジェール ······························ 74
- 日本 ·············· 10,17,24,25,66,70,75,77,92
- バングラデシュ ······················ 6,34,83,91
- マダガスカル ···························· 55
- マラウイ ···························· 41,56,80
- 南スーダン ···················· 24,26,27,52,53
- ミャンマー ································ 6
- ヨルダン ···························· 51,58,87

英数字
- COP21 ·································· 75
- ESD ···································· 36
- HIV/エイズ ·························· 31,32,61
- LGBT ································ 42,43
- MDGs ···································· 11
- SOGI ································ 42,43
- UHC ···································· 32
- 3R ······································ 71
- 4R ······································ 71
- 5つのP ·································· 12

日本ユニセフ協会ホームページ　▶ https://www.unicef.or.jp/

この本で紹介したような子どもたちのストーリーや、世界の子どもたちの状況に関する統計データ、ユニセフの活動など、たくさんの情報が掲載されています。

SDGsについては、
▶ https://www.unicef.or.jp/sdgs/
▶ https://www.unicef.or.jp/kodomo/sdgs/

制作協力　公益財団法人　日本ユニセフ協会

（公財）日本ユニセフ協会は、世界34の国と地域に置かれているユニセフ（国連児童基金）の"National Committee"（ユニセフ協会）のひとつです。各国・地域でのユニセフ支援の民間窓口として、ユニセフや世界の子どもたちについての広報活動や募金活動、子どもの権利に関する政策提言や課題解決のための民間パートナーシップを担っています。

　　ツイッター　　　：@UNICEFinJapan
　　フェイスブック：unicefinjapan

ユニセフハウスで学ぼう

ユニセフハウスに設けられた展示スペースは、開発途上国の保健センターや学校、難民キャンプなどの支援現場を再現した、ユニセフの活動を学べる学習施設です。ボランティアによる展示説明もおこなっています。

　所在地：東京都港区高輪4-6-12
　　　　　（JR品川駅／都営浅草線高輪台駅から徒歩7分）
　開　館：月〜金曜日、第2・第4土曜日 10:00〜18:00
　　　　　（祝祭日、年末年始、創立記念日の6月9日をのぞく）
　ガイドツアー：10:00〜16:00
　　お申込み：個人・学校の方　　03-5789-2014
　　　　　　　団体の方　　　　　03-5789-2012

参考文献

『世界子供白書2016』（著／ユニセフ）
『世界子供白書2017』（同）
『ユニセフ年次報告2016』（同）
『気候変動と子どもたち』（同）
『イノチェンティ レポートカード13 子どもたちのための公平性』（著／ユニセフ・イノチェンティ研究所）
＜以上、訳・発行／公益財団法人 日本ユニセフ協会＞
日本ユニセフ協会ホームページ
国際連合SDGsホームページ　　　　　ほか

写真協力

公益財団法人 日本ユニセフ協会
Project Everyone

SPECIAL THANKS

日本ユニセフ協会の広報室、アドボカシー推進室および学生インターンのみなさま

文・訳　　　大山　泉
表紙・本文デザイン・DTP　VolumeZone

知っていますか？ SDGs　ユニセフとめざす2030年のゴール

2018年9月　第1刷発行　　2021年5月　第8刷発行

　制作協力　　公益財団法人　日本ユニセフ協会
　発行者　　　佐藤　洋司
　発行所　　　さ・え・ら書房
　　　　　　　〒162-0842　東京都新宿区市谷砂土原町3-1
　　　　　　　TEL 03-3268-4261　https://www.saela.co.jp/
　印刷・製本　東京印書館

Printed in Japan

ISBN978-4-378-02480-6　NDC360
Ⓒ 2018 SA-E-LA SHOBO